タテ社会と現代日本

中根千枝

構成＝現代新書編集部

講談社現代新書

2548

まえがき

中根千枝さんの著書『タテ社会の人間関係』は一九六七年二月に刊行されて以来、一〇〇万部を超えるロング＆ベストセラーとなっています。

なぜ日本人は、先輩・後輩の関係から逃れられないのか？　なぜ序列の意識なしに席に着くこともできないのか？　といった、私たちが日常において抱きがちな疑問についての答えが書かれている、まさに日本論の古典として、版を重ねつづけている一冊です。

この『タテ社会の人間関係』が五〇年以上にもわたって読まれつづけているのは、たとえば会社で仕事をするようなビジネスパーソンをはじめ、現代の日本人が組織を考えるうえで欠かせない日本社会の原理が書かれているからでしょう。個々人の属性である「資格」よりも、同じ職場といった「場」の共有を重視する。ある集団において、在籍期間の長い先輩と短い後輩のあいだの序列がはっきりしている。そのような序列意識に基づくタテの関係……。このような社会を形成する構造は、五〇年経ったからといっても変わらない、それが現在においても支持される理由のひとつだと思います。

二〇一九年の五月に、経団連の中西宏明会長は記者会見において、「終身雇用を前提にすることが限界になっている」と発言をし、またトヨタ自動車の豊田章男社長も同じ趣旨の発言をしました。年功序列制度をやめ、グローバル型の雇用形態を取り入れる企業は増えています。しかし、組織は変わっても、序列意識を重んじる日本的な社会構造が変わるわけではありません。

本書は、『タテ社会の人間関係』などで展開された学問的な知見をできるだけわかりやすく解説し、その知見をもとに、現代日本を読み解いてみたら何が見えてくるかを、描き出す一冊です。編集部が数年にわたって中根さんにインタビューをし、そのインタビューをもとにまとめています。取り上げられる話題は、多岐にわたっています。たとえば、長時間労働でいえば、問題の背景には、上位の国のルール（＝法律）よりも場のルールを重んじる、日本人特有のとらえ方があると中根さんは指摘します。また、非正規雇用の問題は、日本人の「ステータス・コンシャス」と大きく関わっていると読み解くのです。他にも、天下り、いじめ、タテ社会のなかの女性、孤独死の問題など、中根さんならではの分析が展開されます。

中根さんの研究は、社会人類学の手法にもとづいています。海外への渡航自体が難しかった時代にインドなどに留学をする一方で、日本においても東北から九州までの農村を歩きまわる、そうした経験のなかで日本の社会構造を発見したのです。『タテ社会の人間関係』の著者であり、かつ女性研究者の先駆者として社会人類学を開拓してきた中根さんの眼には、現代日本はどのように映っているのでしょうか。ご一読いただければ幸いです。

二〇一九年八月

講談社現代新書編集部

目次

まえがき（講談社現代新書編集部）―――3

プロローグ　日本の先輩・後輩関係―――9
失われた二〇年とタテ社会／先輩・後輩の関係――集団構成と人間関係／付記「タテ社会」について

第一章　タテの関係とは？―――19
日本社会の構造を読むキーワード／資格と場／核心としての小集団／上司を飛ばすのは御法度／小集団の封鎖性／エモーショナルな結びつき／論理よりも感情を優先する社会／ウチとソト／転職の損失／序列意識／リーダーは集団の一部／伝統芸能とオーケストラ／じつは自由な活動の場

第二章　タテ社会と「いま」―――49

タテのシステムから派生する弱点／タテのシステムと天下り／タテの職探しと階級社会／普遍的なルールへの流れ／非正規と「ステータス」／ステータス信仰と東芝／長時間労働の温床／社会慣習と法制度／まだらな働き方／新入りはヒエラルキーの最下層／親分からサラリーマン上司へ／いじめとガキ大将の不在／専門職の扱い／村八分と仲間外れ

第三章　「タテ」の発見――83

社会人類学との出会い／日本の農村を歩いて／小集団の典型としての「家」／結婚をした男女と生家／交わらないイギリスの階層／インドのカースト意識／西洋の近代化とは異なる姿

第四章　これからのタテ社会――101

見えにくい日本の貧困／小集団以外への福祉には関心を抱かない／向こう三軒両隣の関係／社交の場がないということ／核家族化と孤独死／災害とヨコのネットワーク／小集団の弊害をなくすために／タテのなかの女性たち／性別と先輩・後輩／女性の指導者が少ない理由／インドのシニア・モスト・ウーマン／はじめての講義／人口減少

エピローグ　場は一つとは限らない 125
「二君にまみえず」／一つだけの「場」からの転換

〔附録〕　日本的社会構造の発見 129

プロローグ　日本の先輩・後輩関係

失われた二〇年とタテ社会

二〇一七年に、今年は拙著『タテ社会の人間関係』が出版されてちょうど五〇年になります、と出版社から知らされて（私自身気がつかなかったことであったが）、それを記念して小冊でもよいから一冊出してほしいと依頼を受けた。たぶん前著は日本の高度成長期の出版であり、今日は人口減もあきらかになり、経済の縮小に直面しているから、多くの読者も考えるように、私の展開したタテの理論にも少なくとも変更があるのではないかと推察の上であろう。

しかし、私としては、あれは当時の現象をとり扱ってはいるが、その奥にひそむ理論の提示であるから変更の必要はなく、それではこの理論と今日的現象（長時間労働、パワー・ハラスメント〈パワハラ〉など）をとり扱ってみようと考えたのが本書である。

「失われた二〇年」などと言われるように、低成長の時代が長年つづき、新卒一括採用から定年まで、すなわち入り口から出口まで面倒を見るという日本型経営がかたちを変えつつある、と報じられている。しかし、年功序列のようなものが薄らいだとしても、タテのシステムは残るところに残る。その大きなものが、先輩・後輩の関係である。最近の若者は自由になったといわれるが、学校において上級生、下級生の区別はなくならない。親分・子分の関係が薄らいでも、その要素がなくなっていないのと同じように、会社における先輩、後輩の関係はなくならないだろう。

先輩・後輩の関係——集団構成と人間関係

前著『タテ社会の人間関係』は幸いにも現在に至るまで版を重ねている。しかし、いくつか、私の伝えたかったことが十分に伝わっていないと思う機会もあった。以下、本論の理解を深めるために、前著の要点を簡単に明らかにしておきたい。

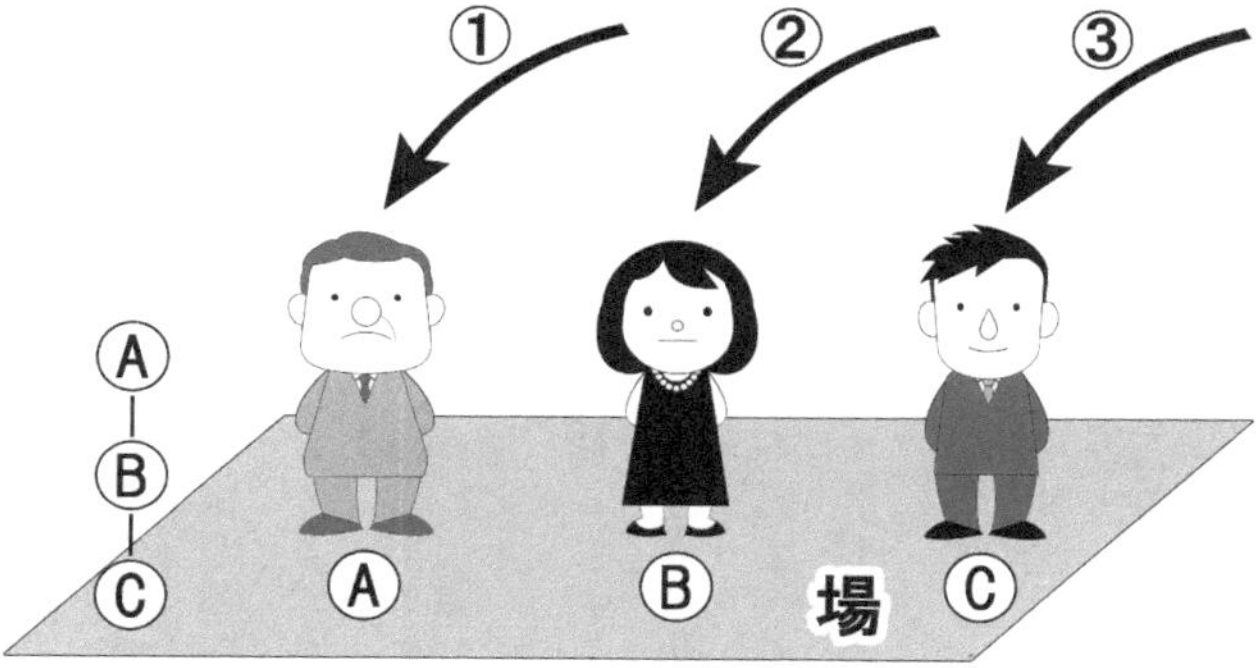

図１：場に最初に着いたＡを頂点とし、次に着いたＢ、Ｃが続く。順番が大事。

前著において、日本においてみられる機能集団構成の特色は、その人が持っている個々人の属性（資格）よりも「場」（一定の個人が集団を構成している一定の枠。テリトリーとは違い、「場」はよりスタティックなもの）によることを指摘した。ここではとくにキー・コンセプトとして、先輩・後輩の秩序の認識について述べてみたい。

とにかく集団が形成されることとなる場に最初に着いた者（A）を頂点とし、次のBはその下位となる。Bの次はCとなり、これがいわゆるタテの関係で、変更を許さないシステムを生む集団構成の原則となる（図1）。

話をわかりやすくするために、職場にあてはめていえば、六、七人ほどの組織があるとして、そのなかでいちばんの古株が頂点となり、その「場」に在籍する時間の短い者がもっとも下位となる。いつ、その場に入ったか、その順番が大事なのである。

オリンピックの一つの競技集団で、最初に金メダルを獲得した者がその頂点となり、次のオリンピックで、Aが金メダルを逸し、次のBがとったとしても集団秩序は変わらない、というように。

先輩・後輩の典型ともいえるのが、軍隊における「古参兵」である。かつての軍隊には、長い間在籍している古参兵がいて、彼らが権力をもっていたとしばしば言われる。軍隊内の階級とは関係なく、長年、その場にいる「先輩」として、新しく入営してきた兵に対して、時には厳しい指導をした、ということがよく語られた。現在においても、スポーツの世界などで、先輩と後輩の関係が強固なのはめずらしくないだろう。

こうしてできる小集団は上位の大集団に統合される体制であってもそれ自体の機能はもちつづける。企業や政党のなかの派閥を想定してもらえばわかりやすい。前著の姉妹編『タテ社会の力学』において述べたように、この小集団は封鎖性という特性をもつ。

この集団の形成の旧いかたちはかつてあらゆる職業にみられた「親分・子分」関係によってできる集団につながる性質をもっている。昔の「親分・子分」では両者の関係はすでに何らかの関係（同郷であるとか、親を通しての関係など）があるため、きびしい親分でも子分に対して親愛の情が存在するが、現代社会ではたまたま採用された会社の都合で個人が配属され、そのなかの人間関係はよくも悪くもなりうるため、人間関係は予知できないものである。

タテのシステムにより新入社員ほど低い位置におかれ、その責任者（上司）からはときにきびしい態度をとられる。ひどい場合は不合理なノルマを負わされたり、パワハラ、セクハラなどを受け、いじめにさらされたりする。その結果ノイローゼとなり、ついに自殺してしまうケースもある。小集団はそれ自体封鎖性をもつものなので、やられるほうは社内でも相談する相手もなく一人苦しむことになる。

先輩・後輩の関係は「長幼の序」とは違う。重要なのは年齢ではなく、その場にいつ入ったか、という順番である。たまたま先輩が後輩よりも年上ということもありうるが、その反対の場合もありうる。

「長幼の序」はそもそも中国のもので、実年齢の順であり、韓国でも同様だが、少しでも自分より年上と思われる人を優先するのは、日常生活でも見られるものである。

したがって、長幼の序の社会では年を取ること、とくに「老」はプラスの意味をもつ。中国の有名な社会学者、費孝通《フェイ・シャオトン》（一九一〇〜二〇〇五年、著書に『中国の農民生活』『中国の奥地』など）は教え子のみでなく、知人からも「老費《ラオフェイ》」とよばれていた。この中国語の発音はそれ自体尊敬と親愛の情をもち、なかなかよいものであった。日本では「老」はどちらかといえばマイナスで、「お年だから」はまだよいほうで、「老いぼれ」とか介護の対象などとなりやすい。会社においても、定年になると、「場」から外れ、哀れを伴う。この日本と中国の違いは、中国のほうが歴史的に豊かであったということに由来しているのであろう。

このような、中国の長幼の序とは異なって、日本の先輩・後輩の関係は、年齢には重きが置かれない。その「場」に来た順番が大事になってくる。実際、英語や中国語などで先輩、後輩という言い方が使われることはあまりない。

近年世間を賑わせた、大手広告代理店の新入社員の自殺、学校のいじめ、日本的組織における女性の地位などは、まさに、こうした「タテ」のシステムと大いに関係がある。こうした出来事から見えてくる日本社会の姿を読み解くのが本書の目的である。

本書では、まず、第一章において、「タテ」というシステムについて基本的な整理をおこなう。そのうえで、第二章では、天下りやパワー・ハラスメントなどを含め、現代日本の問題について、分析を加えたい。そして、第三章では、社会人類学との出会いについて、第四章では、これからの「タテ」というシステムと日本の行く末について考えてみたい。

付記「タテ社会」について

前著『タテ社会の人間関係』出版以来、題名の「タテ社会」という用語が流布し、そもそも「タテ社会」とはどういうものですか、とか、前著の批評者のなかには、本書には「タテ社会」の定義がないなどと書いている人もあるが、「タテ社会」という語は私にとって俗語である。これは前著の原稿を編集者に渡したとき、この本の題名は何としましょうかということになって、私はなかなかよいアイディアがなかったので、よく本書に出てくる単語、タテ、組織、構造、社会、人間関係などを出して、これらから考えてみてくれと頼んだ。そして、しばらくして、担当の彼がきめてきたのが、「タテ社会の人間関係」だったのである。私は語呂がすっきりしていて、なるほどと思い、深く考えずに同意したのであった。

したがって、前著のなかには「タテ社会」という用語は一つも出ていない。私の定義がないのも当然である。しかし、さすが編集者の感覚のよさで大いに成功したようだ。

前著の翻訳の要請がいくつもきたが、英語から日本語訳よりも、その反対はむつかしいことを知っていたので、それならここに展開した理論をなるべく外国人にわかるように、私自身英語で書くことにし、三年後、ロンドンの出版社から出した。その題名については、直訳ではよくわからないし、「人間関係」は心理学的印象を与えて英国ではあまり好まれないからという理由でずばり *Japanese Society* となったのである。ちなみに前著の元となったのが、雑誌『中央公論』（一九六四年五月号）にのった「日本的社会構造の発見」（本書附録）である。

著者

第一章　タテの関係とは？

日本社会の構造を読むキーワード

私は日本の社会構造について、社会人類学という手法を用いて分析してきました。社会人類学という学問は、社会の基本的と思われる原理を抽出しようとするものです。そのなかで、私は、とくに構造の比較に関心を抱き、人間関係に注目をしました。個人と個人、個人と集団、また個人からなる集団と集団の関係といった人と人の関係は、社会を構成する要素としては、もっとも動きにくく、変わりにくく、構造を比較するうえで、とても効果的だったからです。

「最近の若い者は……」という言い方をよくしますが、最近の学生であっても、上級生、下級生の区別は依然としてあります。社会の組織が変わることはありますが、社会の構造は変わりません。家の建築にたとえてみれば、大黒柱を中心にまず柱ができる。これが要《かなめ》となります。家ができあがるまでには柱ができたあとも、畳を敷いたりするわけですが、構造という点では、それらは柱ほど重要ではありません。

資格と場

こうした人間関係を分析するカギとなっているのが、「資格」と「場」です。一定の個人からなる社会集団が構成される要因を、抽象的にとらえると、資格と場という二つの原理を設定できます。集団を構成する第一条件が、個人の「資格」の共通性によるものか、「場」の共有によるものかということです。

資格とは、社会的個人の属性、つまり、その人が持っている特性と考えてもらうといいでしょう。氏《うじ》、素性など、生まれながらに個人にそなわっている属性もあれば、学歴・地位・職業などのように、生後個人が獲得したものもあります。資本家と労働者、あるいは地主と小作人などというのも資格です。特定の職業集団、一定の父系血縁集団、カースト集団など、そういった属性によって集団が構成されている場合、資格による社会集団といえます。

一方、資格の違いなどを問わず、一定の枠によって、一定の個人が集団を構成している場合、「場」による設定ということになります。会社などの所属機関もそうですし、○○村というのもそうです。大学でいえば、教授・事務・学生は資格で、「○○大学の者」というのは場になります。

二〇一一年の福島第一原発の事故で「原子力ムラ」の存在に注目が集まりました。この原子力ムラには、さまざまな資格を持つ人たち、電力会社、官僚、技術者、研究者が集まっていました。二〇一九年に発覚した関西電力の金品受領問題も「原子力ムラ」の存在を実感させるものと言えます。地元の自治体と電力会社の資格は異なりますが、「場」は同じだったのです。

図2：タテの関係。個人と個人がタテに組み合っている。

こうした場においては、場に来た順番というのが重要になります。「プロローグ」で述べた先輩・後輩システムで、彼らが「場」において組み合っている。これを、『タテ社会の人間関係』などで、私はタテの関係と呼んだのです（図2）。場においては、資格が同じであるかどうかは問われません（なお、このタテの関係は動物の世界においても見られる、いわばユニバーサルな構造の一つです。動物の世界では種が同じものがまとまっている光景を思い浮かべるかもしれませんが、場による集団がないわけではありません）。

こうした個人と個人を結ぶ関係をタテだとすれば、ヨコというのは、大きなベルトのように層をなしているものです（図3）。タテの場合、個が重要になってきますが、ヨコの場合は、個人ひとりひとりがヨコに結ばれているわけではありません。同質のもの全体が大きな階層という同じ枠のなかにおさまっている状態をヨコと呼んだのです。

イギリスやインドにおいては、階級やカーストが組織結合をするうえで重要な役割を果たしています。いわば、ヨコの層に組織結合の論理を見出しているのに対

図3：ヨコの層。同質のものが同じ枠のなかにおさまっている。

し、日本は、親分・子分関係のように、タテの関係に組織結合の論理を見出しています。言うまでもありませんが、日本に階層がまったくないわけではありません。ただ、日本の組織集団に共通する特色として、タテの重視が挙げられます。

「タテ社会」と聞いて、上の人が権力を持って下の人に命令する、強者と弱者の関係をイメージされることがよくあります。しかし、そういう命令系統は軍隊にせよ、何にせよ、世界中にありますから、日本特有のものではありません。

また、リーダーのなかには、いわゆるガキ大将のような強いリーダーもいれば、一見強そうにはみえない、やわらかくて強いリーダーもいます。日本の歴史をみても、上に服従したかたちをとっておきながら、実際には下のほうが強かったというのはよくあることですし、強権をふるえないケースは多くあります。

「タテ」というのは、上から下への権力関係を表したものではなく、上と下が組み合っている関係を表現したものです。うまく組み合っていれば、下位の者が上位の者に遠慮なく発言できるし、上位の者も、下位の者から自分の弱点を指摘されても甘受できる。上下ともに強い依存が見られる関係があり、それを可能にしているのが、「場」なのです。逆にいえば、うまく組み合っていなければ、勝手なことをしているととられてしまう。

どの社会においても、資格による社会集団、場による社会集団があります。資格と場のいずれの機能を優先するかは社会によって異なります。その意味で、日本とインドはきわめて対照的です。日本人は極端なほど場を優先し、インド人は資格を優先します。その結果、日本人は先輩・後輩の関係を重んじるために、チームワークを重んじる人が大事にされ、インド人は、素質を重んじるために、頭のいい人を認める傾向が強いのです。集団認識のあり方は、人びとの価値観と関わっています。

終戦直後に、イギリス軍の捕虜になった日本軍将校の話を、『タテ社会の人間関係』でも紹介したことがあります。イギリス軍は国際法にもとづいて、将校と兵士に分けて収容しました。将校はたいへん快適な環境で過ごし、兵士は過酷な収容生活を送った。それを見ながら日本人の将校は自分たちだけがこのような待遇を受けることはできないと苦しんだそうです。こうした将校と兵士間の断絶は、トルストイ『戦争と平和』にも出てきますが、日本においては、将校と兵という資格の異なる関係でも、タテの関係にもとづく、ひとつの場をつくっていて、資格の違いにこだわらないのです。

核心としての小集団

このタテを理解するうえで、とても重要な点があります。

同じ「場」を共有するタテの関係で核心といえるのが、小集団です。「タテ社会」という言葉が独り歩きしてしまったために、隠れてしまいがちなのですが、『タテ社会の人間関係』で伝えたかったことは、第一に、日本の社会構造は小集団が数珠《じゅず》つなぎになっているということ、第二に、しかもその小集団が封鎖的になっているということです。タテのシステムは小集団でないと効果的にならないからでもあるのですが、まさにこの二つが、日本社会の特性をあらわしているのです。そのことを説明してみましょう。

小集団とは、集団の成員が毎日顔を合わせる、いわゆるフェイス・トゥ・フェイスの集団をいいます。派閥などが古くからの典型的な例ですが、個人が緊張を感じずにコミュニケーションを密に取れる五～七人程度のグループです。いつでも集まって相談事ができ、自分の家族や恋愛など、取るに足らない日常の出来事にも共感をもって反応できるグループと考えてもらえばいいと思います。いろいろなケースがあるので、一概にはいえませんが、会社の例でいえば、ある課における、課長と職員の関係は少し近いといえるかもしれません。ただ、必ずしも行政、人事上の機構と重なるものではなく、会社組織のひとつの課などが小集団となるのは、二次的なことです。

日本では、二人が力を合わせれば、二でなく三の力が出るとか、一丸となって事に当たるという言い方をよくします。日本社会においては、個々人が合流して、一体となって不可分の単位を形成しているのです。集団といっても、無限定ではありません。いま述べたように、毎日顔を合わせるくらいの集団が、ひとつの単位となっています。

派閥などを想像してもらえればわかるかと思いますが、この小集団を基盤とし

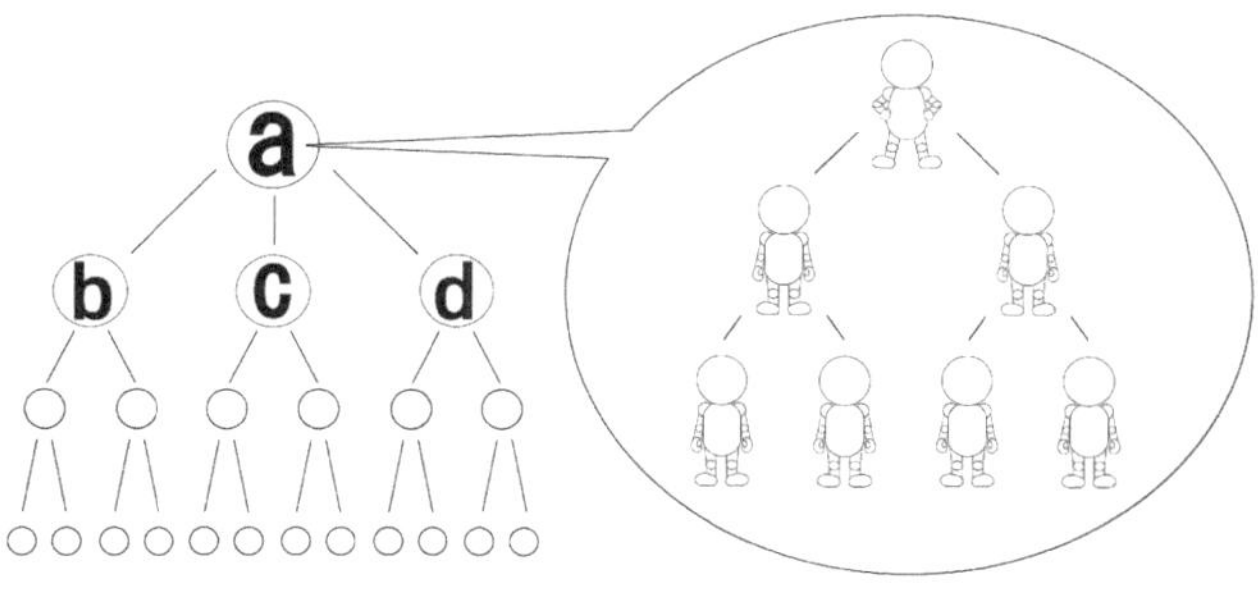

図４：小集団が数珠つなぎになって大集団が構成される。

て、上位のレベルでいくつかにグルーピングされ、その単位がさらにより上位のレベルでいくつかにグルーピングされます。図4をみればわかるように、大集団は小集団の連続によって構成されている、いわば数珠つなぎになっているのです。それぞれ個々に枠をもつ集団が上から下まで連なって集合して、大集団ができます。

　小集団を形成するのは、その組織のトップも例外ではありません。トップの周辺にも小集団があります。トップと、それに直属する幹部数人で小集団が形成される。トップと聞くと、いかにも権力があるように見えます。しかし、タテのシステムにおいて下位の組織に命令が伝わるためには、トップから、まず直属の幹部へ、そこから、下の者へ、と数珠つなぎに下に降りていかなくてはなりません。システム上、トップが独裁的な強さを発揮しにくい仕組みができあがっているのです。

日本の場合、例外はありますが、基本的には、個人は小集団を通して、大集団に属することになります。一般論でいえば、小集団なしの個人は成り立ちにくく、小集団のなかでタテのしっぽにしがみついていかないといけません。

もちろん、職場などにおいて、小集団とは関係のない別の人間に助けられて、といったことはあるでしょう。これまで縁もゆかりもなく、違う部署に所属していたにもかかわらず、手を差し伸べて自分を助けてくれた、だからあの人には頭があがらない、といった話も耳にします。

しかし、基本としては、大集団は小集団によって形成されています。派閥、系列など日本の組織を特徴づけていたものの機能が薄らいだといわれますが、派閥などがなくなったわけではありません。

このように、小集団の機能がきわめて強く、逆に大集団としての機能は強くないのが、日本の組織の特色です。

上司を飛ばすのは御法度

会社など日本の組織が数珠つなぎになっているのは、つぎのようなことからもわかります。ある社員が、上の人にいじめられたとします。上の人をA、社員をBとすると、イギリスやアメリカでは、BはAを飛ばして、Aの上司に直接文句を言うことに抵抗を感じません。

しかし日本でそういう事態が生じたら、Aは非常に怒ると考えるのが一般的です(図5)。Bの立場になって考えてみれば、Aを飛ばして上に言ってしまったらAが怒ることを知っているので、なかなかできません。日本の場合は、小集団と小集団が一対一でつながっている関係が基本になっているのです。一方、イギリスやアメリカは資格の社会であり、小集団が基本となっていないために、直属の上司を飛び越えて文句を言っても問題になりません。

トップの命令が末端までダイレクトに届きにくく、一方で、上司を飛ばして、そ

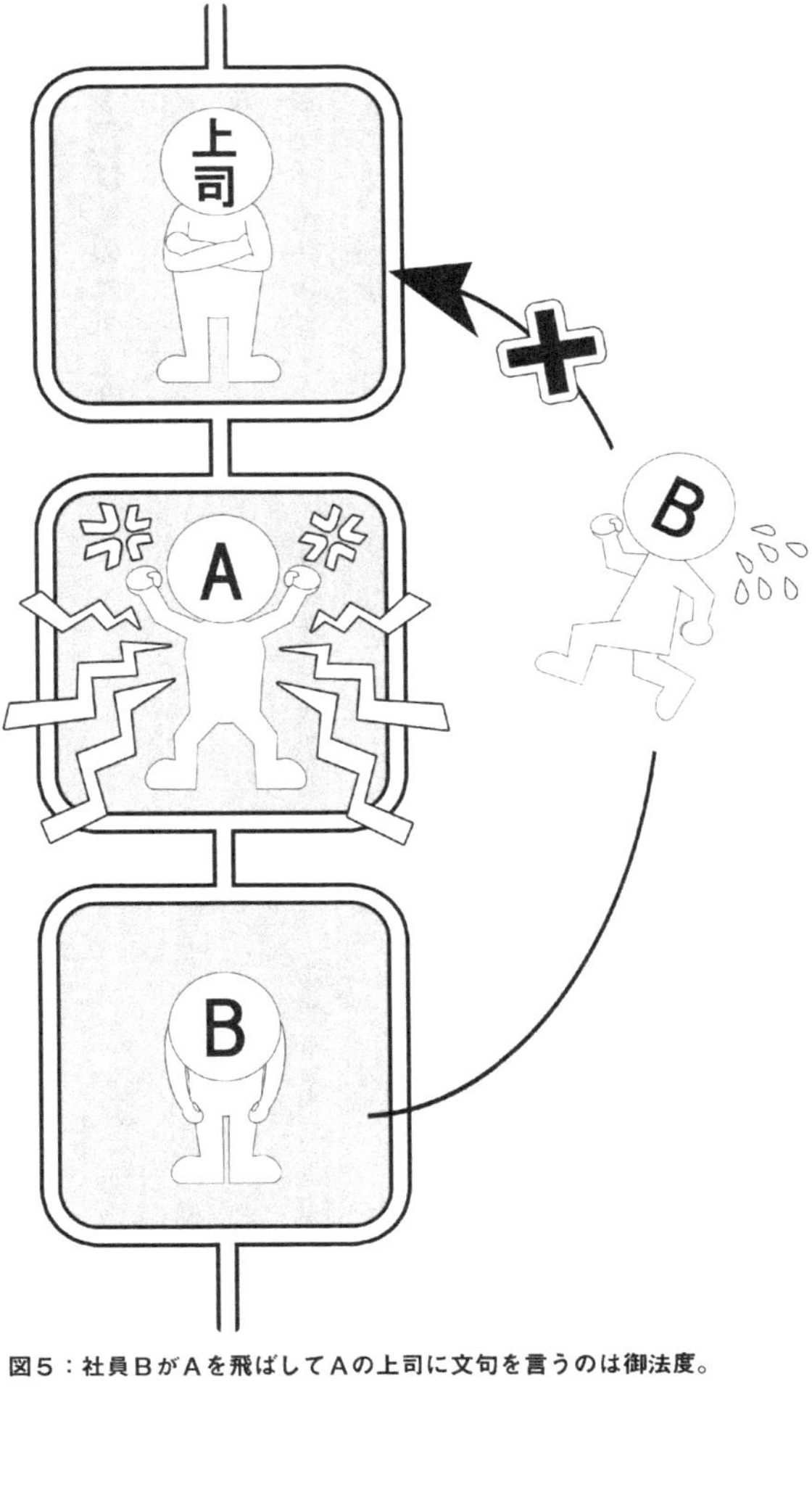

図５：社員ＢがＡを飛ばしてＡの上司に文句を言うのは御法度。

の上に文句を言うのが難しい。どちらも原因は同じです。小集団が前提になっているからです。末端からすれば、トップよりも同じ小集団内の課長の命令のほうが強く響くのです。

かつての軍隊においては、地位こそ高くなくても、実質的な力をもっている小隊長がいました。実際の戦争で、いちばんダメージが大きかったのは、小隊長が戦死することで、組織の要を失った小隊は烏合の衆になってしまったといいます。工事の現場監督、病院の看護師長もそうです。大集団において不可欠な現場の小集団を代表しているからです。会社でいえば、課長の力が強いのと同じことです。

末端で働いている人間からすれば、社長はあまりに遠い。そのために何を考えているのかわからない。彼らはすぐ近くの人が何を指示するかを問題にするのです。

小集団の封鎖性

二番目に挙げた小集団の封鎖性について考えてみます。

日本政府の数は、官庁の課の数だけある、などといわれるように、組織のなかのセクショナリズムはしばしば問題になります。

小集団のひとつの例として、古くからある「家」を思い起こしてください。ある地域でどれほど長いあいだお互いに同一のコミュニティを形成していたとしても、隣人、親類に対しては、家族とは違って、礼儀正しさと用心深さをもって接するのです。つまり、それだけ家の枠はかたく閉ざされ、他の家とは切り離されています。

この枠の存在が、小集団のなかに対しては、「同じグループ成員」という意識を抱かせ、外に対しては、同じような小集団に対する対抗意識を持たせることになります。

日本の小集団には、欧米でいう個人と同じような性質があります。欧米の人びとは個人を重視するとよく言われます。個人の尊厳、権利を保つために、侵害されそうになると抵抗を示す。日本では、個人の尊厳の侵害には欧米ほどには抵抗を示しません。日本で、人びとが抵抗を示すのは、むしろ小集団の独立性が上位集団、隣接集団によって侵害されそうになるときです。個々人の小集団への帰属意識がとても強いために、仲間意識を持った集団になるのです。

小集団が生きるベースとなっているために、個々人は集団のなかで、まったく他と関係のない行動を取ったりするのは困難です。以前に比べれば少なくなったといわれますが、社員旅行に皆参加していたように、全体の流れの許容範囲にとどまることが求められるのです。その結果、行動だけでなく、思想や考え方にまで集団の力が入り込んできます。日本型組織において、仕事（公）とプライベート（私）の違いがはっきりしないのは、小集団の帰属意識が関係しています。

長期間にわたって醸成された仲間意識を基盤としているために、途中から出たり、入ったりするのがとても難しいのです。そうして、組織としては封鎖性を帯びていくのです。

エモーショナルな結びつき

小集団の封鎖性と大きく関わるのが、「感情」です。

同じ資格の人間だけの集まりであれば、特段何をしなくても集団になりえます。

しかし、日本のように、異なる資格をもつ者が集まるだけでは、何もしなければ単なる寄り合い所帯です。これが社会集団となっていくうえでは、エモーショナルな結びつきが重要になってきます。

先ほども触れたように、インド人が素質を重視するのは、資格の機能を優先するからでしょう。それに対し、日本ではどちらかというと、個人の優秀さよりも成員の一体感が重視されるのです。

日本の職場において、自分の家庭、恋愛などについて同僚に語る人がたいへん多いのは、リーダー格であれ、新入りであれ、全人格的ともいえる集団参加を要求されるからです。それは、自分の社会生活の場が、小集団にしかないために起こりうるのです。

結婚、出産、葬式などで慶弔金が出されるのは、日本企業の伝統的な慣習ですが、企業と個人の全人格的な関係を示すものです。

論理よりも感情を優先する社会

日本の小集団においては、閉ざされた世界で親しい人たちのなかで事が運ばれる。そうすると、論理よりも感情が優先されます。論理ではなく感情に訴えるほうが説得力を持ちます。ヨーロッパで契約が発達したのは論理を優先するからですが、日本人は見知った人との仕事を重視してきました。たとえば、学者がそのなかでしか通じない独特の発想法、用語を使用するのは、自分たちにだけ通じる言葉を使う行為が仲間意識の表明にもなっているからなのです。

小集団内の感情に基づく人間関係は、しばしば共通の目的、仕事の達成よりも優先されます。リーダーと成員の関係がしっくりいかなくなると、仕事を怠ったり、邪魔をしたりする者が出て、組織が分解してしまう。場合によっては、仕事の途中にもかかわらず辞表をたたきつける。そうしてリーダーを困らせ、自尊心が守られる状態に満足するというわけです。

保護は依存によって応えられ、温情は忠誠によって応えられる。小集団内の人間関係はそれくらい大事なのです。

ウチとソト

日本の小集団は以上のような特徴を持ちますが、もうひとつ「ウチ」と「ソト」についても考えてみましょう。もちろん、「ウチ」と「ソト」の意識については、タテだけにあるわけではありません。ヨコのシステム、たとえばインドでもカーストが異なる者に対して「ソト」と感じることは当然あります。ただ、これまで説明をしてきたように、場を形成する小集団が封鎖的で、なおかつエモーショナルな結びつきを重視していると、ウチとソトの意識がはっきりしてくる可能性が高くなります。

ウチとソトの前提として、そもそも日本人の順番認識にはつぎの三つがあると考えられます。

第一が、同じ場を共有する、小集団の人びとです。会社でいえば、日常的に顔をつきあわせる、同じ職場のメンバーになります。彼らは長期にわたって、恒久的な関係を結びます。逆にいえば、関係が強い分だけ、仲間割れなどが起きやすく、感情が憎しみに変わると、もっともいがみあう関係ともなるのです。

第二は、この第一の人びとを取り囲む人びとです。大企業であれば、小集団以外の会社内の人びとになりますし、小さな集落であれば、隣接の村になります。直接は顔を知らなくても、近づける人たちです。

第三は、自分と関係のない人びと、つまり他人です。

日本人は外国人に対して仲良くなろうとしないと言われてきました。日本に来た外国人が疎外感を味わうとも言われます。たしかに、まったく面識のない外国人などには、冷たい対応を取ることがつづいて、問題にもなっています。

ただ、外国人であっても、タテの関係、つまり第一の（第二も）集団のなかに入れば、日本人は安心してつき合います。国籍よりも、同じところに所属しているかどうかを重視するのです。個人個人で事情も異なるでしょうが、同じ集団にいる外国人のほうが、ほかの日本人よりも親しいということが実際に起きています。一方で、第三の集団に属する、自分と関係のない外国人に対しては冷たい。それくらい、ウチとソトの区別がはっきりとしているのです。

転職の損失

これまで、資格と場、小集団、ウチとソトなど、日本社会を読み解くキーワードを中心に説明してきました。これらのキーワードに着目しつつ、「タテの関係」をもう一度整理しておきましょう。以下、組織の内部の特徴を順に説明してみます。

日本の組織には、第二章でも取り上げる非正規雇用の問題もそうですが、入り口に壁があります。しかし、一度、タテ社会の内部に入れば、じつは他の社会とくらべて恵まれているところもあります。

最近の新入社員は、三割が三年以内で辞めるという話を耳にします。ただ、『タテ社会の人間関係』を出した五〇年前も、転職が増加したと言われ、しかも転職する人のほとんどが入社三年以内の若年層に集中していると言われていました。若年層に転職が多いのは、やめても食べていけるといった経済的な理由が大きいでしょう。その経済的な理由には、人脈など社会的資本の蓄積が少ないために、転職の損失が少ないということも含まれます。

同じ職場に五年、一〇年と勤続すると、集団帰属の意識も高まり、職場における社会的資本が蓄積されます。そのため転職して、よりよい待遇と地位を得られるとしても、新しい職場で蓄積のないゼロの状態からスタートしなければならない損失を考え、二の足を踏むということが少なくありません。

先ほども述べたように、異なる資格を有する人たちが集まってできる不安定さを克服するために、日本においては、集団意識を高揚させることが求められます。集団意識、エモーショナルな結びつきを強めるには、実際の接触の長さが重要になってきます。年功序列制という制度によらなくても、その組織に入ってからの年数が、個人の位置、発言権に影響を与えています。

このような時間の長短に加えて、学校を卒業し、最初の就職から五年以内に直接、間接に接触した人間関係というのが、きわめて重要になります。場の人間関係というのは、入ったらすぐに関係を築けるようなものではありません。むしろ時間がかかる。だから、日本においては、古くから、特に若い頃からその「場」にいることに価値が置かれるのです。

序列意識

このようにして、入った組織の典型的なタテの関係は、図6のようになります。aを頂点として、成員がつながっています。一方で、d、eなどヨコにはつながっていません。あわせて掲げた図7ではすべての成員が互いにつながっているのとは

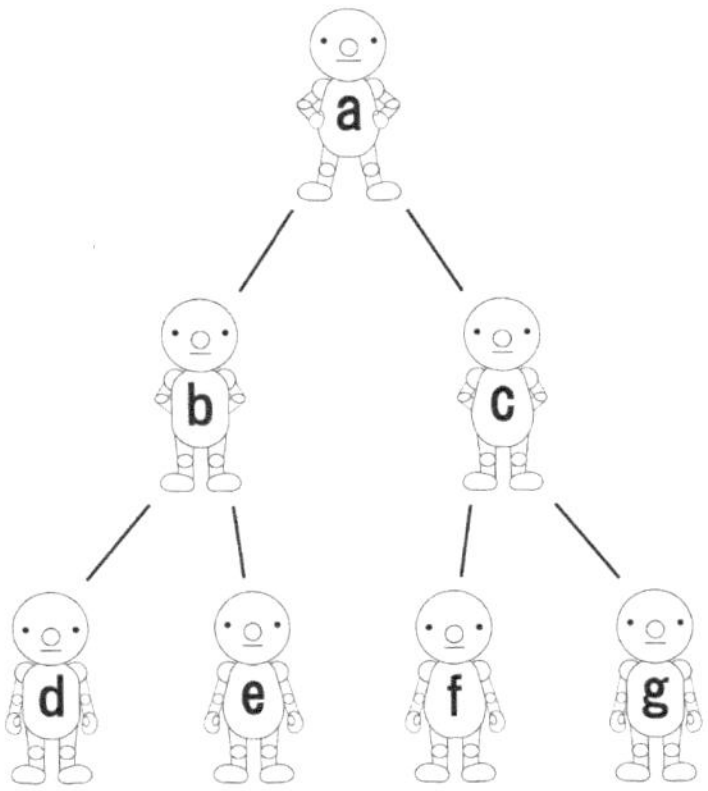

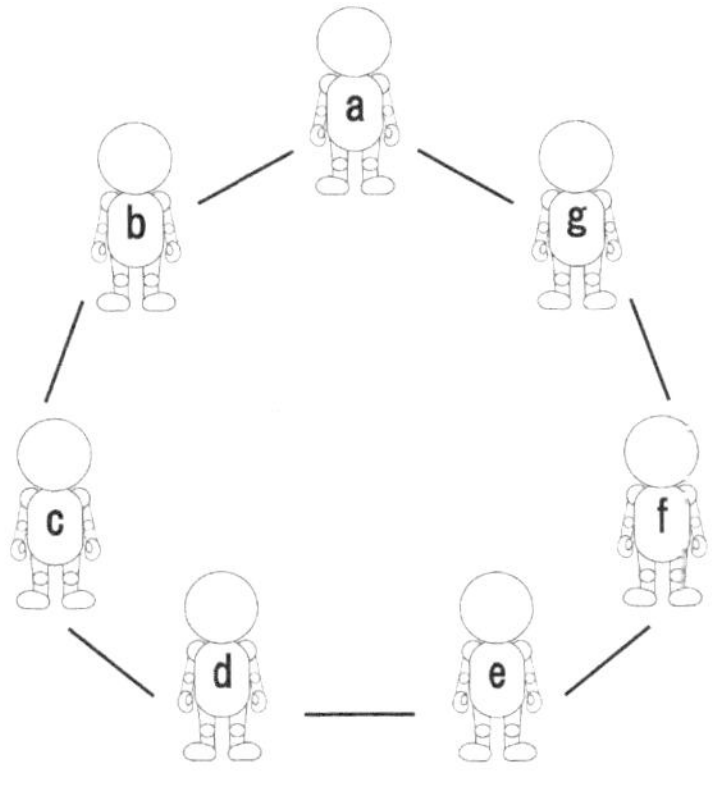

（上）図6：タテの関係。aを頂点にタテにつながっている。
（下）図7：ヨコの関係。全ての成員がつながっている。

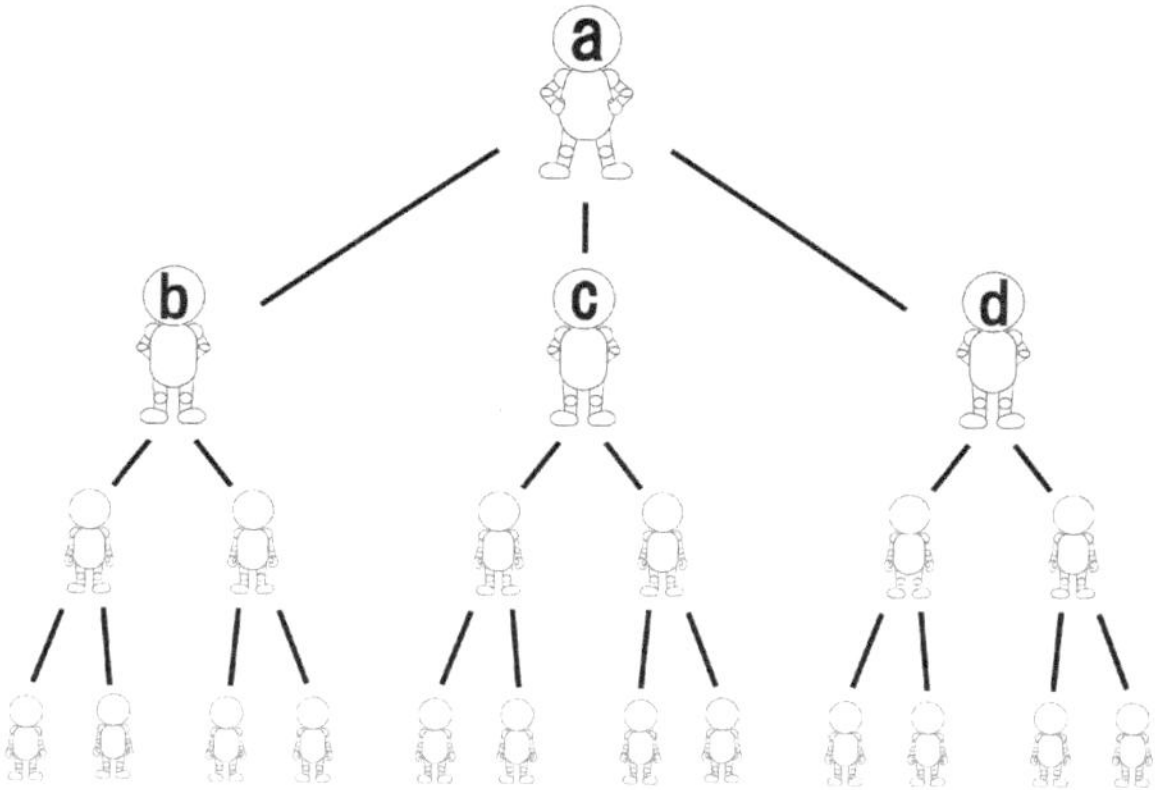

図8：日本の大集団を特徴づける序列意識。

対照的です。タテの長所はリーダーから幹部、幹部からその下位へ、と連絡が迅速にいき、内部の意思統一をはかりやすいことです。

そして、この関係が数珠つなぎに連なった大集団を図示したのが、図8です。

この図8からもわかるように、日本の組織のなかにおいて特徴的なのは、第一に序列意識です。序列は派閥が典型例ですが、二次的なものとして、課長、課長補佐、係長というフォーマルな場合もあります。制度的なものがなくても、加入年次が序列設定の指標になります。加入順位が同じであれば、年齢、入社年次が問題になる。

そうした意識を高めるのに寄与しているのが、「同期」です。

同期という意識は、先輩・後輩の序列意識と密接不可分です。年功序列・終身雇用制が変わりつつあるので、以前ほどではないかもしれませんが、それでも後輩に先に昇進され心が乱れる人もいるでしょうし、同期が昇進したりすれば、「あいつが先に課長になるのはおかしい」と大騒ぎする人も出てきます。

かつての軍隊では、同じ将校でも、位階が異なればまったく違うし、同じ少尉であっても任官の順によって明確な差がありました。同じ資格、同じ身分を有していても、序列による差が意識されやすい。

このようにして、全員が認めうる序列をつくること、それは会合のときの席次が典型ですが、ここにタテ文化のエッセンスがあります。

リーダーは集団の一部

日本の組織を貫く特徴については、リーダーの権限が小さい点も指摘しなくてはなりません。

リーダーは集団の一部に過ぎません。会社組織において、社長でさえも小集団に属していることは先ほども述べました。社長であっても、直接は命令を下に届けられませんし、集団を自己のプランに応じて動かす自由は制約されています。権力をふるって采配するというのは考えにくいシステムなのです。会社の課など現場でもそうです。小集団のリーダーを特別視せず、リーダーとしてもつべき「ディレクターシップ」を与えられないのが日本の組織の特徴です。

そのことは、多くの会社で稟議制、つまり下の者が上司に意見を具申して採用してもらうというシステムが有力なことからもうかがえます。

もちろん、日本にも時々ワンマンとよばれるリーダーは存在していました。これは、直属幹部との関係が圧倒的に優勢だからです。しかし、外国にくらべると、自由が制約されていると考えるべきです。

それはなぜでしょうか。

ひとつ考えられるのは、日本の場合、内部が集団ごとに系列化されている点です。リーダーは、いくつかある系列集団のなかの優勢集団から出されるのが一般的です。だとすると、大集団のリーダーは、メンバー全員に対して等距離に立てないのです。自分の系列の成員と、他の系列の成員では、リーダーとの関係が異なります。逆に、リーダーの属する系列には属さないメンバーは、外様意識を抱くようになります。逆に、リーダーは、リーダーの属する系列の意向、制約を受けざるをえません。系列というファクターが、大集団全体のリーダーシップを制限しているのです。

伝統芸能とオーケストラ

たとえば学術調査団の団長像をみても、日本とヨーロッパのリーダー像の違いを見て取ることができます。

『タテ社会の人間関係』にも書きましたが、イタリアやフランスなどのヨーロッパ人による調査団では、まず外部からその資格にふさわしい団長が選ばれます。団員についても団長がさまざまなところから、もっとも調査団の目的にあっていると思う専門家を個人個人で抜擢します。

それに対し、日本はどうか。日本では、外部から集められた寄り合い所帯的な形態を取る調査団はほぼうまくいきません。日本の団長には、学問的にすぐれ、才能のある人間というよりは、人間関係の要となって、その和を保てるかが求められます。うまくいくのは、リーダーが長老格の教授で、その愛弟子《まなでし》ばかりを団員にした調査団です。集団のなかで、その集団への参加が一番早いこと、つまり古いことに価値が置かれるのです。

こうしたリーダーのあり方の違いは、日本の伝統芸能の演奏と、オーケストラの演奏の違いを思い浮かべてもらってもいいでしょう。雅楽をはじめとした日本の伝統芸能には、指揮者は存在しません。同じ場で出演しているリーダー格を中心に、間合いをはかりながら全体が演奏されます。しかし、オーケストラにおいては、指揮者がいなければ成り立たないのです。

じつは自由な活動の場

小集団の数珠つなぎという話をすると、日本の組織においては、中堅クラスは序列のなかに埋もれているように感じるかもしれません。しかし、実際には、たいへん自由を与えられているシステムともいえるのです。

前述の図6において、ひじょうに優秀な個人bがいたとします。しかし、この個人がcや、cの部下のf、gを使うのは困難です。bにとっていちばんいいのは、aをたてて、cたちの協力を得ることです。bがaを事実上掌握していたり、逆にaがbに依存したりする。このように組み合う関係は珍しくありません。日本の組織は、序列を守り、人間関係をうまく保っていれば、能力に応じて羽を伸ばせます。驚くほど自由な活動の場を個人に与えているともいえるでしょう。それがタテの長所でもあるのです。

第二章　タテ社会と「いま」

タテのシステムから派生する弱点

第一章では、日本の社会に特徴的なタテの関係について、述べてきました。第二章では、前述した資格や場の概念などを用いて、最近問題になった「天下り」、長時間労働、非正規雇用などを取りあげてみましょう。

『タテ社会の人間関係』を刊行してから五〇年が経ち、表面的には、終身雇用が揺らぎつつありますが、人間関係自体には変化は起こっていません。景気が下降局面に入ると、企業は人員整理をおこないますが、その方法も、非正規の数を調整する、社員のシニア層を関連会社に出す、あるいは新卒の採用を手控えるなど、組織の入り口と出口を操作するというもので、中間を占めるタテに並ぶつながりは可能なかぎり手をつけないようにするのが一般的です。

そうした、タテの関係を基盤にした社会構造は、これまで最大多数の人びとに安定性を与えてきました。その代表的なものが年功序列制です。

年功序列制は、集団内の在籍年数によって序列ができるというタテのシステムです。

ただ、集団の存続が長ければ長いほど、結果として保守的になり、難攻不落の様相さえ呈していくのは否めません。思い切った抜擢などは少なくなりがちですし、同時に一度ウチに入ると簡単にはソトに出にくいのです。

若い世代や、経営者の一部の人から、日本は年功序列制をあらためなくてはならないという声が挙がっているといいます。以前は能力のある人もタテの順番に縛られていましたが、少し動けるようになってきた。若い世代の台頭も見られるようになってきた。それ自体はよいことだと思います。

ただ、実力主義に問題がないわけではありません。欧米の雇用システムは契約がベースになりますから、つねに「次」のことを考えなくてはならない。

また、成果や能力を評価する難しさというデメリットも挙げられます。よほど飛び抜けている人は、実力主義でも何の問題もありません。しかし、組織全体、それも大所帯の集団をひとりひとり評価しなくてはならないとなったら、きっと面倒になって、やはり年功序列でやったほうが簡単でいいとなるのではないでしょうか。

タテのシステムと天下り

第一章で小集団の封鎖性を取り上げました。この日本の集団の封鎖性を代表する慣習はいくつもあげられますが、まず「天下り」をあげてみましょう。二〇一七年一月に、退任後まもなく私立大学に天下りした文部科学省の前高等教育局長（当時）が、在職中に、人事課を通して履歴書を提出していたことが判明、大きな騒ぎになりました。さらに、その後、歴代の事務次官や人事課の職員たちの国家公務員法違反事案が、判明しただけで六〇件以上、元幹部たちの再就職先の約半数を、OBを仲介に斡旋してきたなどとして、四十三人が国家公務員法違反で処分されています。

官僚組織は、課あって省なしというセクショナリズムの強いところです。しかし、彼ら官僚は日本全体を背負っているという意識を持ち、実際、優秀な人材が多くいます。

かねてより、日本の官僚が優秀な理由は、官庁を早く離れるシステムができあがっているために、その分だけ、一番脂が乗ったときに重要な仕事をできる点にあると感じていました。最近は急減しているといいますが、キャリア官僚でいえば、かつては早ければ四〇代の頃から退職勧奨というかたちで、定年よりも早く辞めて、第二の人生をはじめることで新陳代謝がうまくいっていたのです。そうしたシステムを裏から支えていたのが、まさに天下りです。タテのシステムを活性化させていたのです。

近年、文部科学省の天下り問題で、歴代人事課長が国会に呼び出され、とんでもない不祥事が起きた、中立、公正であるべき官庁にあるまじき行為だとして、連日のように頭を下げていましたが、少し問題がずれているように感じました。私が問題にしたいのは、事の善悪ではなく、どうして、天下りが起きてしまうかという、そのシステムです。

「天下り」について私が知るようになったのは学生時代（一九五〇年代）にたまたま聞いた次の二人の言葉でした。

その一人はオーストラリア人で（たしか日本に駐在する記者だったと思います）、日本には「天下り」というすばらしい制度がありとても羨ましい、官僚は定年後も心配しないで、何らかの役職と生活が約束されているから、我が国にもそうした制度があったらどんなにいいだろうと（オーストラリアやニュージーランドはイギリス系であるが、本国にあるような、はっきりとした階級はない）。

もう一人は、大学の友人で、外国で仕事をしたい希望をもち外務省を希望していたところ、母親から外交官は「天下り」がなく定年後が心配だから、どこでもいいから他の省庁を受けるようにと言われたこと。

官僚になれば、定年後も七〇歳ぐらいまで人生が保証されている。そういった安心感があったから、優秀な人材が集まって、官僚の質がよくなっていたという側面はあります。官庁を追い出されて、あとは自分でどうにかしなくてはいけないとなったら、いい人が集まらない可能性はあります。

平均寿命が長くなっている現在、公務員にとって、再就職できるかどうかは、退職後の二〇年、三〇年を考えると、切実な問題です。

行政的には人事院その他のさまざまな規制にのっとっておこなわれています。しかし、新たな仕事につく側も、迎える側も、お互い背景がよくわかるほうが望ましいにきまっています。どこかに職を探さなければならない、誰かを探さなければならないというと、日本では、かつてタテにつながっていた、親しい人ぐらいしか当てがない。このように、「天下り」がおこなわれる背景には、タテにつながる知己を頼るのが一般的という日本ならではの事情があったのです。

一連の騒動のなかで、文部科学省は、同省を訪れるOBに対し「先輩証」というパスを発行していたのが問題になりました。そこまでする必要があるかどうかはともかく、天下り問題を考えるうえで、日本では、先輩・後輩のタテの関係を通じてしか、第二の就職先を見つけにくいのは確かです。

これに対して、イギリスのように「資格」でつながる社会となると知己の範囲がずっと広くなります。つまり高級官僚の出身者も多いアッパーミドルとよばれる階層では多くの知己をもっているからです。この階級には上級官僚、大学教授、実業家などさまざまな職種の人びとがおり、社会的にも自然と知己が多くなります。新しい職を探す際に、ほとんど個人で直接に結果を得られます。タテのシステムよりはるかに知己の範囲が広いのです。

タテの職探しと階級社会

イギリスは大英帝国の時代、世界各地に植民地をつくりました。たとえば、インドなどが有名ですが、その植民地には総督が置かれます。総督はたいていは貴族がなります。そして、その下の実務をおこなうのは、階層でいえばアッパーミドルの人たちでした。大学はオックスブリッジ（オックスフォード大、ケンブリッジ大）を出て、スポーツ万能、優秀な人が植民地の運営に携わっていました。

イギリスでは、官僚になる人は、現在も、こうしたアッパーミドルと言われるような人たちです。パーティを開けば、同じアッパーミドルの人が集まります。お酒を飲む場も、彼らは労働者階級がよく行くパブには行かないなど、棲み分けがなされている、という具合に、同じ階層の人とのつながりが強くなっています。

官僚、ビジネスパーソン、大学教授など、さまざまな職業を持った同じ階層、つまり同じ属性、資格の人たちのネットワークがあります。日本で官僚が新しい職を探そうとすると、かつての先輩・後輩の関係に頼らざるをえないのに対して、イギリスなどでは、同じ階層のつながりを通じて、新しい職を探すことができるのです。

官僚が民間企業に行く場合は、そのネットワークが用いられます。本人だけでなく、配偶者のネットワークも用いられます。階級が層をなす社会において、婚姻関係はとても大きな意味があるのです。

一方、日本では、「場」を共有した人に関係が限られ、これまでの仕事の延長の職業につくのが一般的です。

普遍的なルールへの流れ

文科省の天下りが大きな問題になったのは、ひとつは教育関係の省庁であるということ、しかも省庁のなかでは関連組織が小さいということが関係しているのかもしれません。「天下り」先はそれまでの仕事に関係のある機関が対象となりますので、この対象の多寡は官庁によって相当異なります。つまり全国的に多くの事業を展開している官庁では天下り先が多い。たとえば農林水産省、厚生労働省、国土交通省などです。これらの省では、その傘下に多数の団体を持っていて、天下り先には不自由しません。

ある省の次官をした私の知人の場合、亡くなるまで天下り先を三つか四つつとめていたと思います。こうした恵まれた省の場合を別にして、文科省などの天下り先は大学関係などが中心でしょう。大学といっても、教育・研究自体は学者がすでに多くを占めているので、需要があるとすれば事務が中心になるでしょう。国立大学が独立法人化し、文科省と大学の結びつきが強まっているといわれますが、他省とくらべると天下りの可能性が基本的には少ない。

天下りは、長いあいだにわたって批判されてきています。国際化、グローバル化が進むと、より普遍的なルール、つまり国際的に公正なルールが求められるようになります。そうすると、タテの封鎖的な関係に依存した天下りなど、伝統的な日本型習慣の変化を求める声が強くなる。文科省の事件も、そうした流れのなかで考えられるのかもしれません。

非正規と「ステータス」

天下りが、タテ社会の出口、つまり組織からもう一つの組織に出ていくことに関する問題であるとすれば、非正規・正規雇用は、組織の入り口に関する問題と位置づけられます。

現在、派遣社員、パート、アルバイトなどの非正規雇用と正規雇用との待遇の格差が問題になっています。ほぼ同じような仕事をしているのに、非正規の人たちはきちんとした待遇を得られず、正社員ばかり手厚く保護していると言われています。さらに、非正規雇用の人たちは、不景気になれば、最初に解雇されるリスクを抱え、雇用、生活が安定しないといったことが指摘されています。

この問題は、日本人が場を重んじるあまり、正規雇用と非正規雇用の区別ができてしまうからこそ起きているという側面があります。正規雇用の人たちには、自分たちのステータス（格）を維持したい「ステータス・コンシャス」という意識がきわめて強くあります。

会社という「場」に、早い段階で安定したかたちで属しているというのは、正規の人間からすれば、維持したい「ステータス」です。

この「ステータス・コンシャス」は、日本の社会構造を考えるうえで、大事な概念です。かつてロンドン大学で客員講師をしていたときに、同僚に、ある日本人教授の話を聞かされたことがあります。「ミス・ナカネを知っているか」と聞いたら、「知っています。しかし、彼女は私の後輩なのです」と言われたそうです。同僚はステータス・ソサエティの人間を見ることができたと話していました。それぐらい序列は日本においては重要なのです。

このステータスのわかりやすい例が宴席での席順です。上座がどちらかを、日本人はとても気にするのです。同じことは、タクシーでの席順にもあてはまります。

家の格もそうです。自分の家を中心にして、相手の家の格が高いか低いかに関心をもつ。

その格を決めるのは、経済的なランクではありません。家の設立年代が古いほど格が上になるのが一般的です。日本の伝統的な本家と分家では、仮に経済的には分家のほうが上だとしても、本家の格が優越しているのは、古いほうに価値が置かれるからです。

企業においてもそうです。新興の会社が、戦前からあるような会社よりも業績がよいとしても、格付けとなると、なかなか、戦前からある会社をしのぐのは難しい。

「プロローグ」でも述べたように、オリンピック選手でも、「最初に」金を取った選手のステータスが一番高くなります。同じスポーツ種目で、最初に金メダルを取った選手が、次のオリンピックではメダルを取れずに、代わりに若い選手が金を取った。それでも、最初に金メダルを取った選手のステータスのほうが高い。実際にオリンピックなどを見ていても感じますが、やはりその競技での金メダル第一号という栄誉は、とても意味があるわけです。

ステータス信仰と東芝

話は少しそれますが、二〇一七年、東芝が経営不振に陥り、大きな話題になりました。その二年前に発覚し、東芝の問題が大きく注目されるきっかけとなった経理の不正、つまり、三代つづいて社長が「チャレンジ」などと称して過大な目標達成を求めたことで、利潤の水増しにつながったのは、彼らが東芝のステータスを守りたかったからと思われます。

三井、三菱にくらべると、東芝は後発の会社になります。最初はそれほど上位を占めていなかったのが、原発をつくったりして、ついには、経団連の会長、副会長をつとめるような会社にまでなりました。苦労してようやく一番上のステータスを獲得できたのだから、絶対にそれを維持したい。

このように、日本では新しく出てきた人たちが上のステータスにたどりついた場合には、必死になって守ろうとします。そのために、社長が三代つづけて、利益を水増ししたのです。ステータスを維持さえできれば、何をしても構わないといって、結果的に危機を招いてしまいました。

社の業績が悪化したのだから、二、三番目ぐらいのポジションに下がっていればよかったのでしょうが、ステータスを維持したいがために、無理を強要したのでしょう。

話を戻しますが、正規雇用と非正規雇用の問題の背景には、日本人が抱きがちな、ステータスを維持したいという意識があります。アメリカには、一回獲得したステータスをそれほどまでに維持するという意識はありません。

逆に典型的な階級社会ともいわれるイギリスでは、もうステータスができあがってしまっているから、損しても構わない。アッパー、アッパーミドルにいる人が不幸に遭って多少貧乏になったところであまり気にしないのです。

長時間労働の温床

近年、働き方改革が大きな関心を集めています。そのきっかけとなったのは、二〇一五年一二月に電通で起きた、女性新入社員の過労自殺でしょう。入社後八ヵ月で起きた悲劇だったと聞いています。

この一件がとくに大きく取りあげられ、それまでくすぶっていた長時間労働による弊害が社会問題として日々取りあげられました。そしてついに電通の違法残業事件として法人の刑事責任が法廷で問われる事態に発展しました。

行政学の立場から新藤宗幸氏が「過労死を防げぬ労働行政——何が問題か」(『UP』532、二〇一七年二月号、東京大学出版会)で詳しく述べられていますが、それによると、一五年度に労災認定されたものにかぎっても、過労死は九六人、過労自殺(未遂も含む)は九三人を数えます。そして、この数字にしてもおそらくは「氷山の一角」だろう、としています。労使協定、労働省告示(一九九八年一二月)をはじめ、多くの規制法があるにもかかわらず、功を奏さず労働時間規制は「青天井」であることを述べています。

実際、過労死、過労自殺の多発は、外国からも日本の労働行政の怠慢、人権の無視と批判されています。

こうした問題は古くからの日本人の働き方とも関係していますが、とくに過激な物議を呈するようになったのは二、三十年内外の政治・経済のあり方と深く関係しているように見えます。

ソトから見れば、苦しいくらいならなぜその会社をやめてしまわないかと、疑問も出るはずです。

しかし一斉におこなわれる入社試験でうまく合格して正社員の資格をもつ者にとっては、一旦これをやめてしまえば、次によい職をえることはむつかしいという、日本の労働市場のあり方を知る者にとっては「常識」があります。

それよりも何よりも、彼（彼女）にとっては現在属している小集団は、宇宙全体であり、その他の生き方を考える余裕もないに違いない。場を重視する日本社会では、なかなか外に目が行きにくい。そうすると追い込まれると自ら死を選ぶ他なくなるのではないかという、いわば構造的な悲劇といえるのです。

自殺をした彼女もそうですが、この小集団の現場の第一線に立たされていると、外からのクレーム、要求をすべて受けなければならない、オーバーワークな事態と化します。とくに類似の他社との競争の激しさが加わり、仕事量は増えつづけます。

例えばある会社が一斉に何時に仕事を終わるようにしましょうといっても、ライバルの会社は残業をしているかもしれない、競争に負けてしまうかもしれないといって、やめられない心理が働いてしまう。外を向くと同じような集団がいて、それに負けてしまうのを恐れるのです。

社会慣習と法制度

日本全体の経済が縮小して、限られたパイを皆が奪い合うことになり、他社との競争はますますひどくなる。質よりも量に主眼がおかれ、結局、長時間労働を招くことになる。したがって規制がいくら出ても、記録を隠そうとしたり、会社を出て家で仕事をする、というようにカゲの部分が多くなるだけで、いわゆる長時間労働の実体は変わるどころか増える一方となるのです。

「社会慣習」と「法制度」には「間」があります。長時間労働をさせないようにするため、規制を目的にした法律自体はこれまでもたくさんつくられているといいます。しかしそれにもかかわらず、一つも円滑に働いていない。いかに社会慣習のほうが法制度よりも強いかということです。

このことも、じつは小集団のあり方から読み解けます。日本においては、構造的に個人は小集団を通してしか上位と接触しないので、小集団の枠はここでも防波堤となるのです。個人が小集団の成員として許容されているかぎりは、上位集団成員としてのルールを犯したとしても、特定の個人が制裁を受けることはありません。小集団の成員にとって、一番恐れるのは、小集団の他の成員から非難を受けることなのです。だから小集団内の慣習を上位集団のルールよりも重んじるのです。

上位集団のルールのなかで、もっとも上位にあるのが、国家による法律であるのは言を俟ちません。『タテ社会の人間関係』でも、日本人には法律を守ろうという意識が少ないのではないかと書きましたが、法律は、個人の感覚からするとあまりに遠い。だから普段は法律を意識する機会が少なく、例外的な特殊ケースにおいてのみ関与する程度のものと考えがちなのです。

ローマ法以来、西洋では異質のものを含む複雑な社会に基軸を与える道具として法律が発展してきましたが、日本ではずいぶんと異なる法観念を有しているのがわかるかと思います。日本において、ルール違反の際に、「なんだって俺だけが……」というのは、まさにその意識の表れです。

インドでは、目上の人に接するときは、「たばこを吸ってはいけない」「立ってなくてはいけない」というルールがあります。しかし、そのルールさえ守れば、反論すること自体はかまいません。

日本では明確なルールがない代わりに、「目上にはへりくだらなければ」という態度で臨み、反対意見も言いにくいという状況にしばしば陥ってしまう。このように、日本に明確なルールがない背景、あるいは法律よりも慣習が重視される背景には、社会の均質さ、そして集団が小さく分かれているという要因が挙げられます。みんなが同じで、よく知った人ばかりだとルールを明確にせずにすむのです。

まだらな働き方

長時間労働を容易にする日本人の働き方にも目を向けてみます。

アメリカの場合、個々人のやるべき仕事がはっきり決まっていて、それぞれが自分の仕事を達成します。大雑把にいえば、アメリカ人は、「自分の仕事はこれだけだ」「ここからは他人の領域だ」という明確な意識を一人一人が持っていて、その仕事が終われば、スパッと帰る、というように、個人と職場の関係もたいへんにドライです。

それに対して日本ではどうでしょうか。一人一人の仕事が決まっていて、その総和をグループの仕事と考えるわけではありません。組織のなかで個が独立しておらず、お互いにまじり合ってやっている——これが日本の一般的な職場の風景でしょう。日本の場合は、「みんなでやる」という傾向が強く、同じ量の仕事を二〜三人でおこなうのが常です。

そのため一つの仕事場では、個人差があり、よく働く者、それほどでもない者の差があり、前者が後者を補うかたちとなりやすい。よくできない人は、またやってくれるだろうと期待して、本来、自分がすべきことをしなかったりします。仕事と関係のないおしゃべりをする者も出てきます。通常の時間内に仕事が終わらなくても、まあいいや、少し時間を延ばしてみんなでやろうという気持ちになってしまう。いざとなれば一致団結して必死になることもありますが、常態においては、個人差が許されています。

小集団のなかで、また、個人一人一人のなかでも働き方がまだらになっていくのが常です。そうしたことを可能にしているのは、小集団が仕事集団ではなく、社会的な集団だからです。

仕事時間とそのあとの区別もあいまいです。仕事に関係のないおしゃべりは勤務時間を過ぎてもつづいたりする。なかに早く帰りたい人がいてもだらだらとつづいたりする。「僕は自分の仕事を全部やったから帰ります」と言って、一人だけぱっと帰るのに抵抗を覚えてしまうことすらあります。そんなことをしたら変に思うだろうとか、課長からの心証が悪くなるのではないかなどと気にして、帰っていいのに帰れなくなる。このように、仕事に人間関係が入りこんでくるのです。あの人はとても親切だ、このまえ助けてくれたといった仕事以外のことに気を回さなくてはなりません。

仕事仲間の関係が勤務時間を過ぎてもつづく。その分仕事時間内も仕事とは関係のないことをしたりする。したがって、仕事時間内とその後の区別が曖昧《あいまい》になりやすい。このように、日本の職場というものは、公私の区別がつかない、あらゆるパーソナルな部分に集団の力が入り込んでくる可能性を秘めているのです。労働時間を法律で決めてもなかなか守られないのには、そういった社会慣習があるのです。

このあたりに長時間の時間外労働が容易に発生しやすい理由があるともいえるでしょう。

新入りはヒエラルキーの最下層

第一章でも述べたように、日本の職場は「場」つまり、異なる「資格」をもつ人たちから成り立っています。その不安定な構造を克服するためには、集団意識を養成させなくてはなりません。そのためにはエモーショナルな結びつきが求められ、その高揚感を維持するために、人間の接触を維持する必要が出てきます。社会集団となるためには、一体感をもたせること、集団内の個々人を結ぶ内部組織をつくる必要が生じるのです。

近年、一時期廃れていた、会社の運動会や社歌をつくるといった取り組みが見直されているといいます。それは徹底した仲間意識に安心感を抱く社員がやはり多いからでしょう。欧米とくらべると、日本人は、自分の組織のなかで、家庭、恋愛などプライベートについて語る人が多いと言われてきましたが、それもそうしたエモーショナルな結びつきを求めてのことといえるかもしれません。

こうした全面的な個々人の集団参加が基盤になって、閉ざされた世界を形成し、その結果として強い孤立性ができあがっていきます。そうすることで、枠のなかにある資格の異なる者同士の距離を縮めていくのです。

日本において、人間関係の強弱は、実際の接触の長さ、激しさに比例しがちです。日本においては、いかなる社会集団でも「新入り」がヒエラルキーの最下層に置かれているのは、そういったことが関係しているのです。

農家でも普通の家でも、日本では女性が嫁ぐと、お嫁さんはその家にとっては一番新しい。だからよくいじめられてしまうのです。

インドでは、一般的に新入りは優しくされます。日本と反対で、新しくお嫁さんが来ると、とてもかわいがられます。大家族だからお嫁さんはたくさんいるけれども、若い人を大事にし、子どもが生まれたりすると、なお大事にする。

その背景にあるのは、兄弟間のネットワークです。女の人がお嫁さんに入ると、うまくやっているかどうか、お嫁さんの兄弟がしょっちゅう訪ねてきて、家に圧力をかける。家のほうも、嫁の兄弟がしょっちゅう見に来るから悪い扱いができないのです。

親分からサラリーマン上司へ

いまとなっては死語となってしまった印象がありますが、かつてはいわゆる親分・子分関係というものがありました。『タテ社会の人間関係』でも紹介しましたが、ある保護施設の園長によると、いちどヤクザの世界を味わった子どもは、何度連れ戻しても、その世界に戻って行ってしまう。親分は子分をたいていかわいがります。施設などでは得られない理解と愛を注がれるというのです。

しかし、親分・子分の関係は、今日ではヤクザの世界においても見られなくなったといわれます。かつては職人の世界を想起するまでもなく、会社の上司・部下の関係にも、親分・子分的な関係が見られましたが、近代的なシステムが整うにしたがって姿を消しました。

親分・子分関係は長期にわたって、面倒を見ることが前提になっています。現代における上司は、たまたまなったというだけで、もともと知らない間柄です。上司と部下の関係でいる時間も長くはありません。当然、エモーショナルな結びつきも薄れてきます。

昔の親分・子分であれば、子分は親分にかわいがられていると実感できるから、親分にどんなにひどいことを言われても我慢できた。しかし、たまたまサラリーマンで、そういうポストにいるだけの上司は、いい上司であればいいけれども、意地が悪かったり、仲がよくない場合は、封鎖的な空間だからひどいことになってしまう。下の人が逃げられず、弱い人はいっそう苦しんでしまう。

では、そうした封鎖性を打開するにはどうすればよいのか。困難を承知でいえば、小集団として一緒に過ごす時間を短くするしかないように感じます。人事異動を多くするのも一つの方法かもしれません。

いじめとガキ大将の不在

小集団の封鎖性が、長時間労働をもたらす一因であることを述べてきました。いじめも同様です。

私は教育関係の専門家ではありません。また、いじめの問題は、本来は心理学などの知見を取り入れて取り組むべきテーマです。ただ、福島から避難した子どもが避難先で「福島に帰れ」と言われたり、名前に「菌」をつけて呼ばれたという、いじめのニュースなどを見て、私なりの社会人類学的な見地から、少しだけ述べてみたいと思うに至りました。

いじめは、全世界、どこにでもありますし、日本のいじめにも、もちろんさまざまなパターンがあります。いじめっ子といじめられっ子が簡単に入れ替わるようないじめも増えているとも聞きます。ただ、福島から来た子のいじめの報道を見ると、一人対一人の関係というよりは、新しく入ってきた者を皆が寄ってたかっていじめているように映ります。

寄ってたかっていじめるのは、いじめるほうも弱いからでしょう。弱い相手を弁護してやるだけの強さがない。

心理学者の先生に聞いた話ですが、生物学的ないじめ、弱者を淘汰しようとしていくのは、どの動物にもあるそうです。人類はそうやって弱者を淘汰して、だんだん強くなってきたという冷徹な現実がある。けれども、日常において、新しく入ってきた者を寄ってたかっていじめる光景は、場の先輩・後輩関係が大きな意味をもつという意味で日本的といえるかもしれません。

強いガキ大将が、「そんなにいじめてよくないじゃないか」と言ってくれればいいけれども、そういうガキ大将がいなくなってしまった。ガキ大将には、いいところも悪いところもあるけれども、彼らがいるということは、日本社会にとって健全だったと思う。それが、全体が平均的になってきてしまって、とっぴさを持っている子どもたちの居場所がなくなってしまった。ガキ大将はあまりひどいいじめがあると、どこかで抑え役をはたしていた。そうした存在がいなくなってしまうとブレーキがきかなくなって、みんなでいじめることになってしまう。

それはともかくとして、日本の場合、「新しく来た者」を低く見ることが多いのです。あるいは、正社員が非正規雇用者を弱いと思って、いたずらしたり悪さをしたりするというのも、同じかもしれません。最近では、小学校で先輩教員たちが若い教員をいじめていた事件が大きな関心を集めました。これなどは小集団の封鎖性が起こす悲劇です。自分たちの世界がすべてになって、外部が気にならなくなってしまうのです。

タテにおいては、古い者が優勢になる。福島から来た生徒は、転校してまだ日もたっておらず、被害を受けた小学校の教員も学校に来て日が浅かったわけで、残念ながら新参者はステータスが低いのです。だから、いじめっ子は安心していじめてしまう。

日本では、同じ業界のなかでも、古い会社が威張っています。老舗が重んじられることからもわかるように、日本においては古さは大きな価値のひとつなのです。

一方、新しいものは価値が低いと見られてしまう。

専門職の扱い

新参者と同様に、日本においてステータスが低いのが専門職です。

二〇一六年に軽井沢でスキーバスが道路脇に転落し、一五人が亡くなるという事故がありました。貸し切りバス会社は、二〇〇〇年の規制緩和により、雨後の筍のように多くの小会社ができ、運賃の安さを売りに客を集めようと努力しました。その会社の一つが起こした悲劇です。

これに関しては運転技術面が問題視されていますが、それよりも会社が賃金を安くするために、バスの質や、運転手の重要性を無視していたことが問題だといえます。その小会社において、運転手の地位は決して高くなく、給料も低くおさえられていたのでしょう。運転手が不足し、不適切な運転手までやとったといいます。これは運転技術の故ではなく、会社の事業における運転手軽視のやり方によるものです。

このニュースに接したときに思い出したのが、チベットでのことです。チベットは山の険しいところですから、行くには、チベット専門のタクシードライバーを雇わなくてはなりません。高く険しい山を登り、山で車が故障したら、自分で直さなくてはなりませんし、きつい仕事です。日本であれば、3Kといって低く見られ、敬遠される仕事に含まれるでしょう。しかし、現地では、その運転手は特殊技能をもつ専門家として、尊重され、厚遇されるのです。客がチベットに行きたいと思っても、そのドライバーの都合が優先されます。運転手が帰ってきて、予定があくまでは、出発もできません。ロンドンのタクシー運転手の地位も高かったのですが、こうしたチベットやイギリスと日本の違いは、専門職という発想があるかどうかに由来しているのかもしれません。この専門職を重視するような関係を構築できるかは、日本の将来にとっても重要になってくると考えています。

村八分と仲間外れ

日本人にとって、仲間外れは厳しい制裁の一つです。

通常、小集団のなかでは、些細な情報までが伝達されます。まるでお互いに伝達する義務があるかのようです。もし、ある成員がそれを怠ってしまうと、「なぜ知らせてくれなかったか」という非難を受けることになり、知らされなかった人は「のけ者にされた」と受け止める。実際にはたいした情報でなくても、つねにあらゆる情報に通じていることが前提になっています。

情報がいっさい入ってこなくなり、不利益を被るとします。外に出ればいいと考えるかもしれませんが、長期間にわたって醸成された仲間意識を基盤としているために、よそに移るのには困難が伴います。いずれの小集団も強い封鎖性をもっているために、途中から出るのも入るのも容易ではありません。農村での村八分もそうですが、学校の「いじめ」がいじめられた側に与える影響は深刻なものがあるのです。

日本の集団には「封鎖性」と、「それがために行き過ぎてしまう」という問題があります。五〇年前とくらべると、たとえば内部告発などが見られるようになりました。タテを突き崩す動きが見られるようになって、組織にすき間ができつつあるのかもしれません。タテのシステム自体は変わらないにしても、封鎖的な集団に風穴を開ける機会は増えています。

そのためにも、小集団の封鎖性をはじめとした、日本の社会がもつ特徴を日本人自身が把握しておくことが必要なのです。

第三章　「タテ」の発見

社会人類学との出会い

第二章では、タテの視点で現代日本の問題をいくつか考えてみました。第三章では、私が社会人類学と出会い、タテを発見したきっかけについて簡単に述べてみましょう。

小さかった頃に雑誌『少年倶楽部』で大陸を雄飛する、山中峯太郎《やまなかみねたろう》の小説を夢中になって読みました。その影響もあって、いつか大陸の奥地に行ってみたいというのが、私の夢でした。だから、大学では東洋史学科に入りました。

卒業論文を読んだ、東京大学東洋史の和田清先生からは「あなたは小さいところ細かいところよりも、大きく見て、そのなかから何かを生み出すことが好きですね」と言われました。私が専門にした社会人類学は、社会の構造を明らかにしようとするものです。考えてみると、そうした傾向は私には前からあったようです。

大学で勉強をするなかで、次第にチベットへの関心が高まりました。しかし、海外への渡航自体がとにかく難しい時代、政治的な問題もあり、なかなかチベットに行けません。そうした頃、独立後のインド政府と日本のあいだで国交が成立し、インド政府が奨学金制度をはじめることになり、その制度を利用するかたちで、一九五三年にインドの土を踏んだのです。

インドでカルカッタの国立人類学研究所に在籍していると、人類学者たちが調査団を組織して、インド北東部のアッサムに行くことになり、参加しました。ジャングルへの入り方もよくわからないような調査でしたが、おもしろかったのは、研究者とその他の違いです。調査に、サーバント、コックなども同行し、現地に着くと、食事などの準備をするのは彼らで、人類学者は喋っているだけ。インドの社会を反映していたのですが、属性によって、仕事がすっかり分けられていることに気づきました。

その後、アッサムで山岳民のフィールドワークをひとりでおこないました。当時、地方政府の役人からは、あの地方はわれわれの手の及ばないところだから生命の保障はできませんなどと言われました。ところが現地に入ってみると、山岳民たちの彼らなりの政治・社会組織がしっかりと機能していることに気づかされました。国家の行政組織とは異なる、生活に密着した、密度の高い下位集団が存在していました。

二年間、インド政府の奨学金で研究をしたのち、スウェーデンの財団から助成を受けてもう一年、あわせて三年間インドに滞在していたら、スウェーデンの財団からもう一年やらないかと言われました。私は三年滞在しているので、これまでインドで見聞きしたことを論文にしたい、と言ったところ、ストックホルムにぜひいらっしゃいと言われました。そのような経緯があったので、スウェーデンで研究をし、論文を書くつもりでいたのですが、財団のメンバーでもあった、スウェーデンにある北欧最古の大学ウプサラ大学の総長が、「残念ながらスウェーデンでは人類学は発達していない。いま、世界で人類学が盛んなのはＬＳＥ（ロンドン・スクール・オブ・エコノミクス）なので、ロンドンに行きなさい」と言って、費用を出してくれたのです。

この財団の姿勢にはほんとうに驚きましたが、そのおかげでロンドンで本格的な社会人類学のトレーニングを受けられました。このＬＳＥは、当時、社会人類学の総本山でした。レイモンド・ファースのセミナーは世界中に鳴り響いていましたし、社会人類学の父といわれるマリノフスキー、ラドクリフ＝ブラウンらの教えを受けた教え子たちが中心となって、まさに学問が華開いていたのです。レヴィ＝ストロースと会ったのもそのころです。

その後、東大東洋史の山本達郎先生が、イタリアにジュゼッペ・トゥッチという世界的なチベット研究者がいるというのでアレンジをしてくださって、トゥッチ先生が所長をつとめる中極東研究所があるローマで学んだのです。

日本の農村を歩いて

四年に及び海外に滞在する前後に、日本で東北から九州までいろいろな農村を歩きました。当時、人類学はまだ発達しておらず、日本では民俗学が盛んでしたが、日本史の分野で村を調べている研究者などと一緒に農村を回りました。母の父が渥美半島の出身だったので、渥美半島の村にも行きました。昔からの村で、史料などが残されていたのです。文字通り全国を回りましたが、当時はまだ女性の研究者などいなかったので、九州のある村に行ったら「おなごの先生が来た」といっておもしろがってくれました。村の人も女性の研究者に慣れていなかったのですが、とても親切で、いっしょにお酒を酌み交わしながら、聞き取りをしたのです。

当時は、東日本と西日本の違いが注目されている時期でした。たしかに、お祭りをはじめ習慣は異なります。しかし、日本中の村を歩いてみると、構造としては全国変わらないと気づいたのです。村には必ず七、八軒からなる機能集団がある。葬式などがあると、そのグループが中心になっておこなう。そういった特徴は東北でも九州でも一緒でした。

当時は、日本国内で各地域の特性をアピールすることが主流だったのですが、インド、イギリス、イタリアを回っていたおかげで、日本全体に共通する構造に注目できたのです。この日本の農村を歩いた成果は後日、イギリスで出版した *Kinship and Economic Organization in Rural Japan*（『日本の農村の組織』）という本につながりました。

小集団の典型としての「家」

日本各地の農村を調査していくなかで、小集団の重要性に気づいたのですが、小集団のプロトタイプともいえるのが、「家」です。

「家」というと私たちは、家長の存在、あるいは、長男に家督を譲る、といった権力構造に目が行きがちです。しかし、日本の社会構造を考えるうえで忘れてはならないのは、家は「生活共同体」ということです。農業の場合をみればわかるように、「経営体」でもあります。それを構成する成員は、多くの場合、家長の家族成員からなりますが、家族成員以外の者もしばしば含まれます。番頭などがそうです。そうした人たちも含めた社会集団の単位、枠、それが「家」なのです。日本の場合、外とのネットワークがないために、「場」である家がとても重要になるのは、これまで述べてきた通りです。

日本の家においては、他の家に嫁いだ娘、姉妹よりも、よそから来た妻、嫁が比較にならないほど重要になります。まったくの他人であった養子も、家に入れば、他家に行った兄弟よりも重要な存在になる。インドが、血縁を重視し、兄弟姉妹関係を大切にするのとくらべると、きわめて対照的です。

日本ほど「婿養子」という習慣があるところを私は知りません。血のつながりのない他人を、家に迎え入れて、後継者、相続人とする。日本が「血」よりも「場」を重んじることの証といえるでしょう。

もちろん、日本において、血縁関係に意味がないわけではありません。親類のなかで血のつながりがあるかどうかを気にしたりもしています。ただ、日本社会では、血縁関係自体が一つのシステムとして社会組織、集団構成の原理には使われていないのです。

韓国の上層において、族譜（系図を中心に、同族の記録をまとめたもの）の作成がおこなわれ、それがソトに対してはプレステージとなり、ウチに対しては、協力関係を設定する母体となっているほどに、血のつながりが強いのと比較すると、違いがよくわかるはずです。韓国はインドなどと同じように、血縁を重視するのです。

日本では家の財産の維持、運営に家長があたります。その後継者には、長男が選ばれるのが一般的ですが、息子がいない場合は養子があたったり、または娘が残り婿養子があたる。それ以外の兄弟や息子は家から独立していく。

前提にあるのは、存続すべきものは家ということです。そのために、タテに連なる親子の線を重視する。場合によって、血のつながりのない人が家長になるのをいとわない。家長の弟が後継者になる場合も、養子の手続きを取って、息子としてからおこなうのは、タテだからです。

また、余裕がある家では、他の子どもたちが分家もするし、そうでない家では子どもたちは他の家に入ったりします。会社で言えば、定年退職、のれん分けに該当するといえるでしょう。

結婚をした男女と生家

社会人類学的にみてみると、結婚をした男女と生家との関係は、いくつかの型に分けることができます。（拙著『社会人類学』）

(1)男子も女子もすべて生家を出る。
イギリスなど。原則として一軒の家には一組の夫婦。
(2)娘は生家を出、息子はとどまる。
インド、中国などの伝統的大家族制。性によって出る者、残る者を分ける(⑶も同じ)。
(3)息子を出し、娘を残す。
インド・アッサムのカシ族・ジャンティア。母系制にみられる。
(4)夫婦ともそれぞれの生家に住みつづける。
南インド、ケララ州ナヤール・カーストの人びと。夫は毎晩妻のところに通うので、両方の家が近い、定着度の高い社会であることが前提。みな生家に住みつづけるので、大家族になる。
(5)息子一人だけ生家にとどまる。
このパターンのなかで一番多いのは末子が家に残るもの。蒙古人の末子相続が典型例。長男を残す典型は韓国・朝鮮で、息子のいない場合は、父系につながる甥など、父系血縁の男子にかぎって養子になることができる。また、首里を中心とした沖縄本島にもみられる。

（6）娘を一人だけ生家に残す。母系制社会に多くみられる。社会によって、長女、末女、あるいは娘のうちの一人など違いがある。

（7）息子・娘いずれか一人を生家に残す。男子も女子も残る可能性がある。父系制でも母系制でもない社会。

これまでの話から理解できるかと思いますが、日本は（7）に属します。しばしば（5）と混同されやすいのですが、日本では、息子のいない場合は娘を残します。両方いる場合は、嫁入りが一般的になって以降、息子が残る場合が多かったのはたしかですが、それはシステムとよべるものではありません。父系か母系かについてのこだわりは本来的にはなく、実際、中世以前は逆の婿入りのケースも多かったといわれます。

交わらないイギリスの階層

タテにもつながる、こうした日本の特徴は、インド、イギリスの経験があったからこそ気づけたのです。インドやイギリスでみていた資格とは異なるしくみが日本にはある。自分が歩いた日本各地の農村、それからその後、出席するようになった大学の教授会にも先輩・後輩の関係があるとわかったのです。

イギリスやインドでは階層がとても強く、日本とは対照的です。イギリスの場合は、やはり日本と同じように島国であることが大きいのでしょう。他の影響を受けにくいために、システムが維持されやすいのです。

一方、インドは、中国もそうですが、大陸のとても大きな国で、社会階層が発達しやすい。そのために、イギリスとインドは比較するモデルとしては理想的でした。

イギリスでは、例えば食事に招待されて行ってみると、同じ階層の出身者ばかりが集まっていました。皆が労働者階級出身の学者たちの会ということもありました。アッパーミドルクラスの人と労働者階級出身の人は原則的に交じりません。

イギリスでは、そういうふうに同じ資格の人が自然と集まる。それに対して、日本では、たとえば仕事帰りに親しい人が集まるときに、出身や階層が条件になるとは考えにくいでしょう。資格よりも、同じ場に属しているかが大事なのです。

そのことは、人びとが住む地区についてもあてはまります。ロンドンでは階層によって住む地区がだいたい決まっています。それに対して、日本ではそこまでの棲み分けはありません。ごちゃまぜになっているのです。

インドのカースト意識

インドも、日本の比較対象として、ひじょうに面白い社会構造をもっています。インドのカーストはよく知られていますが、身分・職業など、資格を重視した集団構造になっています。

カーストは、僧侶、戦士、商人、奴隷の四つの階層からなるなどと書かれることがありますが、これは俗説で、インド大陸に北西から移住してきたアーリア人によって形成されてきたイデオロギーともいえるものです。

実際のヒンドゥー社会の構成、人びとの生活において関わりがあるのは、ジャティと呼ばれるものです。ジャティというのは同じ血縁組織で同じ階層を示します。インドの人口の大部分を占めるヒンドゥー教徒はすべていずれかのジャティに属しています。

農業ひとつ取ってみても、土地の所有・運営・管理と耕作はそれぞれ別のジャティとなっています。このように、一種類の仕事をそれぞれ一つの集団が独占的に担当するという考え方を取るのです。

同じインド人同士では、例えば洗濯専門のカースト、クリーニングカーストには、上のカーストの人も頼みます。だから職業的な接触はあるけれども、社会的な接触はありません。

また、チャマールというのは、庭や道のお掃除だけをしたり、動物の死体を処理したりするカーストですが、そのチャマールの彼と話をしていると、「日本のチャマールはどうしているか」と聞いてきます。世界中どこでも皆カーストだと思っているから、日本にも自分たちと同じカーストがいると思っている。日本にはチャマールというカーストはいないというと、じゃあ村がごみで汚れてすごく困るだろうと言う。ごみを清掃するカーストが専門にいるはずだという見方をするわけです。

そのような職業意識があるカーストですが、近代以降に整えられた職業においても、同じようなカースト意識を持っています。古来、法律の世話をしていたようなカーストだった者が現在の弁護士や裁判官などにつながったりしています。ニューデリーの新興住宅地には、弁護士、裁判官などからなる住宅地域ができ、家が建ち並んでいます。その結果、このように同じカースト的意識がつづいてみられます。近代社会のなかにカースト的なネットワークが生きているのです。

インドの農村では、祖父の代にアフリカに移民した人が帰郷をした場合でも、帰ったその日から実質的な村民権を獲得します。日本ではその場にいつづけることが重視され、一度出て行った人に対しては冷淡だったりします。インドの場合は時間の連続性ではなく、彼らのもっている属性に注目するので、途中離れていたとしても、それは問題になりません。こうした例も、資格と場の違いが見えてくる一例かもしれません。

西洋の近代化とは異なる姿

『タテ社会の人間関係』を出してから、日本のほかにタテ社会はありますか、という質問を何回か受けました。これほどまでに発達しているタテの関係は日本のほかには思い浮かびません。それは、日本は血縁関係が必ずしも重視されないのに対し、他の国では血縁関係が色濃くあるからです。たとえば、イギリスで階層が強いのは、血縁を重視しているからです。インドもそうですが、血縁関係が強いと、階層が形成されるのです。

血縁を重視しているという意味では、中国も同じです。

これまで述べてきたように、日本の家は、単位としてそれ自体閉ざされています。ムラなどを想起してもらえばわかるかと思いますが、上位集団は、その閉ざされた家の集合体です。それに対して、中国は父系血縁を基軸としていますし、家族より大きな集団が家族構造の延長上にできあがるのです。『タテ社会の人間関係』の中国語版を読んだ中国の学者に言われたのは、日本のタテの組織に当たるものは、中国の宗族《そうぞく》（父系の血縁集団）であろう、ということでした。中国の富裕層などでは、一地方一帯の十数ヵ村にわたる権益をひとつの血縁集団がおさえていたということもあります。血縁関係を重んじるので、いとこなど家族関係がどんどん広がっていきます。

韓国も、中国と同じように、父系血縁制です。先ほども触れたように、族譜など家族の意識も強い。しかし、中国のような大家族制はとっていません。長男のみが結婚後も生家に残りますが、次男、三男も生家の近隣に家をもち、密接な関係を持ちつづけるのです。日本の本家・分家に一見似ていますが、日本のような上下関係はありません。その結合度はたいへん強く、全国にまで関係が及ぶこともあります。韓国の人びとにとって姓は大きな社会的アイデンティティとなっています。

私は、これまで、インド、イギリス、チベットなど世界各地を見て歩いてきましたが、どこでも、ほぼ一六世紀頃に、現在につながる社会構造がはっきりと見えるようになってきます。経済が発展し、人口が増大していくなかで、社会のかたちが明確になり、階層などがはっきり見えてきます。日本では、ちょうど戦国、そして江戸時代に入った頃です。

そうしてできあがった社会構造は、国それぞれの特徴を持っています。私たちはどうしても西洋の近代化の過程をアジアはじめ世界中に当てはめようとします。工業化によって生じた、都市への人口の集中、家族形態の単純化、生活パターンの均一化など、各地に共通する要素はもちろんあります。しかし、西洋の理論を無理にアジアなどに当てはめようとしてもすっきりとしないことからもわかるように、各社会でかなり異なった姿が見られるのです。

第四章　これからのタテ社会

見えにくい日本の貧困

これまで日本の社会構造について述べてきました。タテのシステムには、多数にとっての安定性など長所があります。しかし一方で、タテならではの弊害がありります。

理論的にいえば、日本では皆、小集団に属しています。しかし、経済状況が悪化したりすると、小集団の機能が弱まり、小集団の保護を受けられない人びとが生まれてきます。深刻化する貧困の問題は、その典型です。貧困に陥った人びとに、いかに手を差し伸べるかは、重要な問題です。

現在、日本では七人に一人の子どもが貧困状態にあると言われています。

少し前になりますが、貧困家庭の子どもについて取り上げた番組がありました。着るものを見ても、生活の様子を見ても、一見しただけでは貧困かどうかはわからない。おそらく身なりが他の人と違うことに、抵抗があるのでしょう。収入が少ないなかで、衣服代などにかなり出費せざるをえず、ますます生活は苦しくなるはずです。

インドでは、貧しい身なりでも不幸には見えません。市場で、魚、肉、野菜をみんなが買う。魚や肉のにおいのついた汁が台に残っている。インドの最貧困の人たちは、市場が終わる頃にそれをもらいに来る。身なりも貧乏とすぐわかるけれども、見ていてもまったくおかしくない。また、彼ら貧しい人たち同士の連帯があるから、貧しくても、日本みたいに取り残されたような悲劇は感じられない。

インドでは、貧しくてもお互いに助け合うという習慣があるのです。

日本では、NPOやボランティア活動が盛んになってきているといわれますが、貧しい人とともに連帯しようというつながりは、インドなどとくらべると少ない。タテが基軸となっていて、連帯がないために、貧困に陥っても助けを呼べず、こぼれ落ちる人が出てきてしまう。その結果ひとりぼっちになってしまうのです。

小集団以外への福祉には関心を抱かない

二〇〇八年のリーマン・ブラザーズの破綻のときなどもそうですが、経済が冷えこむと、経済的に不安定な人たちをまず直撃します。彼らの多くは、小集団が弱まってしまうために、こぼれ落ちてしまう孤独者です。

日本社会においては、構造的に小集団を前提とした相互扶助がおこなわれていま す。第一章でウチとソトの三つの順番認識を紹介しましたが、第一の人びとにはかなり手厚い社会福祉的な思想が見られます。小集団のなかで一人が不幸に見舞われると、たちどころにカンパが集まるのもそうです。この援助は第二の人びとにも拡大されます。しかし、第三の人びとは対象にはなりにくい。セーフティネットを受けにくいシステムになっているのです。

これに対し、インドやイギリスではどうか。イギリスを含めた西欧の教会やインドの寺院では、伝統的に社会福祉の役割を担っています。貧困などに陥った人を救い、災害のときには、救助の拠点になります。

また、インド・アッサムのガロ族にはつぎのような習慣があります。彼らはきわめて民主的な方法で、人数に応じた耕地の配分をしています。しかし、実際には十数年もしてくると、貧富の差が生まれ、たいへん裕福な家が出てきます。彼らの基準にあわせて極限にまで達すると、その家長に勲章が贈られます。面白いのは、勲章を贈られた家は、村の人びと、近隣の人びとに酒と食事を、穀倉がカラになるまで饗応するのです。その家長は勲章とひきかえに無一文になる。持てる者をそのままにしておくことを許さないシステムが根付いているのです。

向こう三軒両隣の関係

日本では、家屋の構造が、それぞれ一軒ずつになっているのが一般的です。そしてだいたいは屋敷があって、それに垣根をめぐらしています。隣との関係は、最近では挨拶程度というのが一般的でしょう。

東南アジアでは、三戸から五、六戸がいわゆる「コンパウンド」といわれるユニットを形成して住んでいるのをよく見かけます。建てられるのは、簡単な垣根に囲まれた共通の敷地の場合もあれば、川に面して並んでいる場合もあります。子どもは、このコンパウンドのどこでご飯を食べてもいい。このユニットの住人は、親たちが兄弟姉妹同士の関係にあることも多いのですが、子どもはおじさん、おばさんによくなつく。日本とは違って、自然なかたちで、家族の孤立性を低めているのです。

インドでも、大家族に子どもが何人もいて、女の人が何人かいて、どの人が親で、子どもは誰の子か、まったくわからないといったことがありました。

それに対し、日本では近年、家庭内の虐待が問題になっています。これも家族という小集団の封鎖性を抜きに考えることはできません。制度として家族が唯一の単位になっていて、助けを求めにくいのです。

社交の場がないということ

家族の孤立に関して言えば、日本以外の多くの社会では、昔から「社交の場」がありました。

ラテン系の国々の村には、必ず共通の広場があって、夕方などに村の人びとが自由に出てきてお互いに会話を楽しむ習慣があります。中近東では、村にコーヒーハウスがあります。ひまがあると男たちは水タバコなどを吹かしながら話し合いを楽しみます。イギリスではパブがあって、夕方から夜にかけて賑わいます。そこに集まるのは同じ階層の人たちです。

これに対し、日本には村に人びとが集まるような、共通の社交の場がありませんでした。強いて挙げるとすれば、江戸時代の下町の長屋の前のところかもしれません。タテの機能が働いていれば、それでよかったのでしょうが、しかしタテが弱くなると、社交の場もなく、孤独を感じる人が出てきます。

二〇一八（平成三〇）年の東京都監察医務院の調査では、区部で一年に五〇〇〇人以上の孤独死が発生しているといいます。みんな、孤独死は悪い、かわいそうと言うけれども（そうした見方自体、イギリスやインドなどではあまり見られません）、日本の昔からの社会構造に照らせば、どうしても孤独死の状況が生まれやすい傾向にあるのです。孤独死を問題にするのなら、普段から親しくつき合ってあげればいいのでしょうが、そうではなく、孤独死だけを取り上げるのは、対処の仕方がわからないからです。

イギリスやインドであれば、階層のネットワークがあります。そのために、日本とくらべると一人になりにくいし、一人になっても他人との関係をつくる方便は知っているのです。

しかし日本人はそういう方便を知りません。会社を定年になると、とたんに「場」を失い孤独になってしまう。そうなる前に、小集団以外の関係をつくっておけばいいのでしょうが、そういう習慣が日本にはありません。

核家族化と孤独死

『タテ社会の人間関係』刊行から五〇年が経過して、家族は小集団化、核家族化が進んでいると言われます。かつてのように、三代つづく家族制度に戻るといいなどと言う人もいるようですが、実際には難しい。嫁に入る女性だって嫌がる人が多いでしょう。

先ほども述べたように、インドでは、女性が結婚した家に入ると、兄弟が、「おまえ、うまくいってるかね」と言って時々訪ねてくる。それは結婚した相手の家族に対してプレッシャーをかけることにもなる。日本の嫁の孤独とは異なります。

日本では、一つの「場」に入ると、その「場」に属する人になってしまう。よほど仲のいい場合は別かもしれませんが、きょうだい関係というのが薄くなってしまう。自分の姉妹が入った先の家でどんなに苦しんでいても、助けに入るのがなかなか難しい。

イギリスの小説を読むと、おばさんやおじさんの役割があるのがよくわかります。何かと重要なときにしゃしゃり出てくる。日本だと、その家に住む奥さんに対してどうしても遠慮してしまう。そういう意味で、家族のあいだのつながりがない。そのことも孤独死と関係しています。

災害とヨコのネットワーク

くりかえしになりますが、インドには階層内のネットワークがあります。たとえば、洪水など災害があったら、知らない人でも、カーストが同じならそこへ行けば何でも助けてもらえる。災害があったときには、カーストが機能します。知らない人でも、カーストが同じなら原則引き受けてくれる。

カーストというのは、仲間意識をより大きくしたものです。人間的な好き嫌いはどこにでもあって、カーストが同じならば誰でも好きとはならない。しかし手を差し伸べなくてはならないという意識は働くのです。

とても貧しい人に対しては、カーストもそうですが、先に述べた寺院に加え、豊かな人からも救いの手が延べられるのが普通です。だから、とても貧しい人はいるけれども、どうにもならなくて死んでしまうということは少ない。貧しい人たち同士で助け合うわけです。

インドなどとくらべると、持てる人が持てない人に施すという感覚が日本にはあまりありません。それは、ほんとうに持てる人が日本にはいなかったのと関係しています。

小集団の弊害をなくすために

このように、小集団を前提とした社会構造のために、そこからはずれてしまう人に手が差し伸べられないという問題が日本にはあります。

では、どうすればよいか。

考えられる一つは、閉鎖的、封鎖的という部分を意識的に変えるということです。組織に風穴を開けると、もう少し生きやすくなるのかもしれません。

そのことに関連しそうなのが、大きな集団を志向する必要性です。

ある会社、とくに一つの技術体系に特化しているような場合、どうしても閉鎖的になりがちです。それは内部的にタテのシステムが強く貫かれているためです。小集団が数珠つなぎとなるなかで、社長はこのタテのシステムをうまく活かし、その結果として現在の地位を獲得しています。そうしたことの常として、視野がせまくなりがちなのです。松下幸之助のような、視野の広いすぐれた人材がいないわけではないでしょうが、構造的にはまれです。

そうだとすると、いくつかの業種を包含する（いくつかのタテのグループを含む）多様性のある会社・組織のほうが、会社が生き残るという面でも、より安全性があることになります。

いくつかの業種が包含されていると、それぞれのトップはお互いに知り合い、利用もしうるし、自己主張の抑制も求められる。それぞれのタテのなかのトップが、いくつかの最上位でゆるくつながる形態は、トップを強くするし、タテのシステムを補完し、会社全体の力を高めると考えられるのです。

たとえば日本を代表する企業グループの三菱には、三菱UFJ銀行、三菱商事、三菱マテリアル、三菱地所など、じつに多くの系列会社があり、グループのなかに序列があるといいます。それぞれがタテなのですが、多くの系列会社があることで、その組織のなかの多様性が保たれているのです。

もちろん、こうした大企業は、長い歴史をとおして、できあがるもので、大きいほうがよいとは単純にはいえません。「寄り合い所帯」ではうまくいきません。単なる寄り合いでは、一つの大会社のようにタテのシステムが働かないからです。

しかし、多様性をうまく確保できれば、なかには封鎖的な小集団があっても、新しい関係が生まれます。ほかの階層社会とは違うけれども、大きな集団になればヨコの関係ができる。小さい集団の場合と比較すると、タテのなかでできることがずっと多くなるのではないでしょうか。比喩的な言い方をすれば、大きな集団になると、ヨコ、斜めなど、いろいろな矢印が出てきうるのです。それは、タテの弱点を少しカバーできるかもしれません。

タテのなかの女性たち

この章のしめくくりとして、二〇一八年以降、特に大きな関心を集めた日本社会における女性の地位について考えてみたいと思います。これから「女性活躍社会」をめざすと言われますが、タテのなかの女性について、まだ議論が尽くされているとは言えないからです。

二〇一八年に東京医科大学の入学試験で、受験生に知らせないまま、女子の受験生に対し一律減点し、女子の合格者数を抑制していたことが発覚して大きな問題となりました。

同じく二〇一八年には、財務省の事務次官が女性記者に対しセクシュアル・ハラスメントをおこない、辞任をしました。こうしたニュースをきっかけに、女性の地位について注目されていますが、しかし、事件の背景にある日本のシステムについてはあまり議論になっていません。

性別と先輩・後輩

私は、インタビューなどで、女性としていろいろな苦労があったのではないかとよく質問を受けてきました。

タテのシステムに入るのに壁があるのは事実です。これまで多くの人が苦労もしてきました。ただ、階層のはっきりある社会とくらべてみると、一度なかに入ってしまえば、上に行けないわけではないし、皆も同等な取り扱いをするのです。私の経験でいえば、アメリカでは、最後まで女性という性がついてまわります。しかし、日本では、男女の違いよりも先輩・後輩の序列のほうが重要で、性別はそれほど重要ではありません。かつてのエレベーターガールのように女性だけの職場においてもタテはありますし、男性と女性が混在していてもタテなのは変わらないのです。

入り口の壁という点では、一九五二年に東京大学で助手に採用されたときも、教授会では「途中でやめるのではないか」など反対する意見も出たそうですが、当時、東洋文化研究所所長だった辻直四郎先生が、「私が保証します」といってくださったこともあって採用されました。

むしろ、一九五三年にインドにフィールドワークに行きたいといったときのほうが壁を感じたかもしれません。周りの人たちからは心配をされ、止められました。ただそのときでも、今西錦司先生が「女性でも大丈夫」と太鼓判を押してくださって、調査に行くことができたのです。そういった、手を差し伸べる人の存在が大きかったのはまちがいありません。

女性の社会進出の遅れが指摘されて久しいですが、学問の分野でも、経済界においても、これまでは男性が中心だったために、女性よりも男性のほうが多くいるというだけのことです。農村などを見てもらえばわかりますが、日本文化では基本的に女性の力は強いのです。

日本社会は、タテの関係がはっきりしているので、そこに女性が入っても、同じように、タテの関係になります。女だから、男だから、ということを忘れてしまうほど、日本人にとっては、先輩・後輩がそれほど重要なのです。

女性には妊娠、出産、介護の問題がつきまといますし、現実として不公平があるのは確かです。心ない言動で傷つく女性が少なくないのもよくわかります。実際、数字をみても女性の勤続年数はまだまだ長くありません。内閣府男女共同参画局の「男女共同参画白書」によると、勤続年数階級別の一般労働者の構成割合をみると、女性の場合、〇年が一〇・一パーセント、一〜二年が一八・一パーセント、三〜四年が一三・三パーセントです（平成三〇年）。一〇年以上働いているのは三七・七パーセントです。

しかし、制度上は上まで行けるようになりつつあります。同じ内閣府の資料ですが、民間企業の部長級で女性が占める割合でいうと、六・六パーセント、課長級が一一・二パーセント、係長級が一八・三パーセントです（平成三〇年）。民間企業における課長級以上の管理職は、男女雇用機会均等法が成立した一九八五年には、女性は一・四パーセントでしたからゆっくりではありますが、増えています。官庁でも、女性で課長になるのはまったく珍しくないし、局長になる人も少しずつ増えています。
ただ、女性が指導的地位に就けるかどうかでいうと、依然として厳しいことに変わりはありません。

女性の指導者が少ない理由

二〇二〇年までに女性が三〇パーセント指導的地位を占めるように、上場企業の女性役員の割合を一〇パーセントにという目標も掲げられています。しかし、東洋経済新報社「役員四季報」によれば、二〇一八年七月現在、上場企業の女性役員の割合は、四・一パーセント、一七〇五人だといいます。また、二〇一三年から二〇一六年にかけて女性役員の数は二倍になっていますが、その約八五パーセントは社外の取締役と監査役で、内部昇進はまだまだ少ないのです（菅原佑香「内部昇進の女性役員が多い業種はどこか」『大和総研』二〇一九年一月二八日）。

企業にかぎらず、国会議員は衆議院が一〇・二パーセント（平成三一年）、参議院は二〇・七パーセント（平成三一年）、本省課室長相当職の国家公務員四・九パーセント（平成三〇年）、医師は二一・一パーセント（平成二八年）です（内閣府男女共同参画局　令和元年版「男女共同参画白書」「各分野における主な『指導的地位』に女性が占める割合」）。

制度上は可能であるにもかかわらず、なぜ、女性が組織のなかでなかなかリーダーになれないのか。その大きな理由は、日本において上層が形成されないからです。これまで、日本社会は上層、中層といった階層を形成してきませんでした。一億総中流などという言葉が生まれたのも、階層が存在しないことのあらわれです。

タテというシステムは急速な近代化に対応するにはたいへん役に立つものでした。もし上層、下層といった階層があれば、急速な近代化は難しかったかもしれません。上層が笛を吹いても下が動かなかった可能性はあります。階層がないからこそ、みなが平均して同じ方向に向かっていけたのでしょう。

日本では、よく御三家などといいます。この御三家というのも、日本的な言い方です。トップは三つの点に過ぎず、層のようなグループにならないのです。そうした階層がないのが日本の特徴です。

それぞれの小集団において、リーダーになるのは一人だけです。いくつものピラミッドのなかにそれぞれ点が一つしかない。点がひしめきあうだけでなかなか層にならない構造なのです。それぞれの組織において、ピラミッドしかできないので、トップになっても点だけができて、まとまった層になりません。

上層ができると、そのなかにいる女性は地位も権力も得やすくなります。一般のところから上をめざすよりは、容易に指導的地位を獲得できるのです。スウェーデンやフランスでは閣僚の半分を女性が占めますが、上層がみな閣僚になっているという見方もできなくはありません。

二〇一六年のアメリカ大統領選で初の女性大統領をめざしたヒラリー・クリントンはトランプ現大統領に敗れました。優勢が伝えられていたヒラリーが敗北した原因として、彼女は自分たちの味方ではないからといって、中流以下の人びとがトランプに投票をしたという分析がされていました。

アメリカはイギリスほどの階層社会ではありませんが、アメリカにも上層はあり、そこに属することで、ヒラリーは、大統領選に挑戦できたとも言えるのです。

かつてアメリカに滞在していたときに、高名な日本人の学者からつぎのような話を聞きました。アメリカが終戦後、各国からそれぞれグループを招いたところ、ほかの国はグループのなかに少なくとも二、三人の女性が含まれていたが、日本だけは男性しかおらず、おかしな眺めで奇怪な光景だった、と。

日本におけるセクシュアル・ハラスメントというのは、上層を形成しないタテのシステムと関係しています。上に女性がいるというシチュエーションを体験したことがない。不祥事を起こした人も、キャリアのなかで自分より上に女性がいなかったのでしょう。もし自分の上司に女性がいれば、実際にその女性がどんな人で、どんな仕事をしていて、どんな考えをもっているか、タテのシステムにおいて、おそらく一生懸命知ろうとしたでしょう。しかし、そうすることなく来てしまっていた。百聞は一見にしかずではありませんが、女性の上司というものを体験してはじめて、意識が変わっていくのでしょう。

インドのシニア・モスト・ウーマン

インドの家族においては、シニア・モスト・ウーマンがとても重要な役割を果たします。最年長の女性が家庭のなかのトップになり、男女の区別なく家族全員を支配します。外に対しては、男性が前面に出ますが、家ではシニア・モスト・ウーマンがすべてを取り仕切ります。若い女性たちは、早くシニア・モスト・ウーマンになりたいといってあこがれるのです。日本では、家の内外とも男性がトップを占めてきました。実際、日本では女性が家においても社会においても指導的地位につく経験が歴史的にほとんどなかったのです。

私の場合、インドに留学していたときの、スウェーデンのアルバ・ミュルダルさんとの出会いが大きかったのです。スウェーデンから助成金をもらった関係で、当時ニューデリーに大使として赴任していたミュルダルさんと出会いました。のちに社会学会の会長もつとめた女性ですが、地位も学問もある、まさにすばらしい女性でした。セクシュアル・ハラスメントをくりかえす男性たちもそういった人と知り合っていれば、女性への接し方も変わったでしょう。

私自身、日本において、女性の権利を求めて闘う人はそれまでも見てきました。

しかし、ミュルダルさんに会って、はじめて地位、教養、すべてを備えている実在の女性の存在を知ることができたのです。

はじめての講義

今まであまり話したことがないのですが、外国から戻ってきて東京大学ではじめて講義をしたときに、とても大きな不安を抱きながら教室に行ったことを思い出します。

インドに留学をしていたときに、はじめて女性の教授が授業をしようとしたとき、学生が教室に来なかった話を聞いていたからです。インドは女性の教師が登壇するのは歴史的にずっと早かったのですが、かつては教室にカーテンがひかれていて、男の席と女の席に分かれていたこともあったと聞いていました。そうしたことが不安をかきたてていたのです。

一〇〇人くらいが入る教室にびくびくしながら近づいたら、教室は満員、廊下にまで学生があふれていた。あのときは、ほんとうにホッとしました。もちろん、学生のなかには、講義をする女性はどんな人間か、という野次馬的興味もあったでしょう。しかし学生たちが蔑視することもなく、受け入れてくれたということは、自分に安心と勇気を与えてくれました。周りの先生たちが受け入れてくれているのはわかっていましたが、学生にも女性に対する偏見がないようにも思いました。

その後、学会で研究発表などをしても、先生たちから、平気で堂々とやっているじゃないか、などと言われましたが、それは大学でのはじめての講義の経験があったからかもしれません。

人口減少

令和元年版「男女共同参画白書」によれば、就業者に占める女性の割合は、日本は低くありません。日本は四四・二パーセントで、ノルウェーは四七・一パーセント、スウェーデンは四七・六パーセント、ドイツは四六・六パーセントです。しかし、管理的職業従事者になると、日本は一四・九パーセントであるのに対し、ノルウェーは三五・六パーセント、スウェーデンは三八・六パーセント、ドイツは二九・四パーセントです。先進国のなかでいえば、韓国の一二・五パーセントについで低くなっています（韓国の値は平成二九年。残りは平成三〇年）。

高度成長期、日本の人口が多かったことが、女性の社会進出を妨げてきたという側面はあるかもしれません。スウェーデンやノルウェーは人口が少ないために、社会進出をうながしてきたのです。それに対し、日本は労働力は昔から充分でしたので、女性は家で主婦業に専念して、というのが高度成長期においてはモデルとなっていました。

しかし、人口減少時代に入ってくると、事態は変わってきます。女性だけでなく、高齢者、外国人の労働力が求められるようになりました。そうなってくると、否応なしに女性の活躍が不可欠になります。

人口減少という危機は、女性にとってはチャンスといえるのです。

エピローグ　場は一つとは限らない

「二君にまみえず」

これまで、「タテ」というシステムについて、そして、現在起きている事象について考えてきました。

長時間労働や、あるいはいじめの問題などが報じられるたびに、私は「タテ」の強固さを感じていました。「タテ」には良いところがあります。しかし一方で、タテのもつ封鎖性が現実に問題を引き起こしています。

日本人は会社や学校などで「場」に属しています。会社、学校にできる場というのは、家（ウチ）をより大きくしたものではなく、もうひとつのウチです。この二つのウチはしばしば拮抗関係にありました。学校の友人や会社の同僚とのつきあいを大事にすれば、家族が犠牲になる、というように。

日本社会において、二つ以上の集団に同様なウェイトをもって属するのは困難です。

ヨーロッパ中世の封建制においては、「二君にまみえず」という道徳は存在していません。ヨーロッパでは、二君、三君と主従関係をもつのが常でした。そうすることで、突然主を失うリスクをできるだけ避けようとしていたのです。

一方の日本では、「二君にまみえず」が理想とされていました。戦国時代には、主君を変えて何人かについた人びとが少なくなかった、と言う人がいますが、日本では同時に二人以上の主君を持ちませんでした。それは、このタテの関係でいえば、実行することがたいへん困難だからです。同一主君に仕えていても、長年仕えてきた人と、途中から仕えた人とでは、後者は圧倒的に不利なのはおわかりでしょう。それは今日の雇用においても同様です。

一つだけの「場」からの転換

一つの場に個人が所属する。できることなら一つの場にずっと属しつづけたい。

そのような場があると安心する。それが日本の特徴であることは、これまで述べてきた通りです。

しいて二種類の所属をもっている人を探してみると、何世代にもわたって住民のコミュニティが形成、維持されている下町の商店や開業医、寺の住職などかもしれません。彼らは村・町の一員であると同時に、別の村・町に散在している同業集団の一員なので、可能なのです。

最近、若い人たちが趣味などに没頭して、好きなことでコミュニティを職場以外でつくっていこうという動きがあると聞きます。タテとは異なる関係をつくろうと思ったら、やはりそれぞれが努力しないとできません。ただ座っていたのでは一人のままですから、連帯は重要なのです。

日本のタテ社会は、どうしてもネットワークの弱さを抱えています。その弱さをいかに補完していくか、複数の居場所をいかに見つけていくか、高齢化が進む現在、そうしたことを考える時期にきていると思います。

〔附録〕

日本的社会構造の発見——単一社会《ユニラテラル・ソサエテイ》の理論——

（『中央公論』一九六四年五月号）

1 序論

日本の社会、あるいは文化を論ずる場合、従来とられてきた方法はだいたい次の二つに要約できる。第一は、ヨーロッパを主な対象とした研究（西欧の学者による）から得られた理論（方法論よりもむしろでき上った理論）、モデルを使用し、それによって日本の諸現象を整理し、説明せんとするものである。第二は、日本にしかみられないと思われる（たいてい西欧と比較しての話であるが）諸現象を特色的にとり出して、これらを論ずることによって、日本人、日本の社会、文化をつかもうとするものである。この立場は、第一の立場のアンチテーゼの観をもつが、「西欧」というモデルをネガティブではあるが一応前提として出発している点において、同じ線上の両極に立つものである。

もちろん、社会科学というものは「西欧」に発達した学問であり、すぐれた分析、理論が出され、その効用を日本の学者がとり入れるのは当然である。しかし、これらの理論を歴史も民族も西欧のそれとは著しく異なる社会に適用する場合、「西欧」社会に適用した場合と違って、うまく割りきれない問題が残されるのは当然である。もちろん、抽象された理論と現実の社会の諸現象の間には、相当なずれがみられるのであり、これらの理論が西欧社会にそのままあてはめられるというものではない。まして、社会というものは動態であり、いったん設定されたモデルも常に修正を加えられる運命にあることは言うまでもない。理論（model）と現実（reality）とのずれは、このように「西欧」の場合にも「日本」の場合にも当然みられるが、そのずれのあり方が問題なのである。すなわち、そのずれというものが問題の核心を離れた辺境にあたる部分にみられる場合と、致命的な部分にみられる場合には、そのずれの質が異なってくるのである。いいかえれば、抽象された理論の妥当性《バリディティ》・有効性の問題である。

これを卑近な例をとってわかりやすく説明すると、例えば「和服」の作成に「センチ尺」を使うのに似ている。こうすると和服の基準寸法というものが、みな端数を伴ってくる。二八センチ三ミリ半とか、二二センチ七ミリとか、非常な不合理な寸法となってくる。もし、これがうまく合わないからといって、センチ以下、あるいは五ミリ以下を切り捨てて、和服を作ってしまったら、一体どういうことになるであろうか。だいたい似たようなものはできるであろうが、それは伝統的に理想とされている「和服」の姿とはほど遠いものとなってしまう。和服に必須なシルエットはくずれ、本当におしゃれの人だったら着服不可能なものができ上るであろう。

これに対して、最も合理的な方法は、言うまでもなく「鯨尺」を使うことである（これは全くおろかなことであるが現法律によって禁じられている）。これによると、着物の構造を決定する基準寸法は、後身幅＝七寸五分、前身幅＝六寸。衽幅＝四寸。男物ならそれぞれ、八寸、六寸（肥っている場合は六寸五分とか）、四寸、となってくる。いわゆる合理的な寸法であり、おかしな端数というものが出ないのである。

そこで、和服を知らない人に、和服の構造を説明するのに二通りあるわけである。一つは、その人のよく知っている「センチ尺」をとって、それによって基準となる各部分の寸法を示し、それを総合していく。一方は、「鯨尺」を示しておいて、これによって基準寸法を示し、次の段階において「鯨尺」と「センチ尺」を比較する。両者とも比較の方法の一つであるが、前者は直接的であり、抽象を具象の段階にもってくるものであり、後者は、それぞれを具象から抽象へという同様な操作をとおして、抽象という同一のレベルにおいて比較するのである。

「センチ尺」で和服の基準寸法をはかるというのが、すなわち、「西欧」で出された理論を日本社会に適用することであり、当然、常に端数プラス・アルファが残る。そしてこのプラス・アルファが社会構成の末梢的な部分にのみ出るならよいが、本質的な部分（たとえば着物の基準寸法といったような）にまで出るという危険性をもっている。従来、日本の社会科学者たちは、このプラス・アルファの部分を、日本における封建遺制であるとか、日本の後進性などというたいへん便利な始末の仕方によって切りぬけるのが常であった。そして一般の人々もあっさりとそうした見方を受け入れてきたのである。西欧（特にイギリスによって代表される）が先進国であるというのは、歴史的に工業化のはじまりが早かったという歴史事実なのであって、現在の日本の工業化の水準が西欧の国々より低いということではない。さらに、日本の封建遺制や後進性を強調する西欧向きの単純《ユニラテラル》進化論的立場に立っている人々（日本には何と多いことか）が、いわゆる「上部構造—下部構造論」を単純に受け入れていることである。下部・上部構造の相関関係があることはもちろんであるが、経済的に工業化したからといって、日本人の考え方、人間関係のあり方がすべて西欧のそれに変る、あるいは近づくと考えるのは、あまりに単純すぎはしないだろうか。後述するように、あらゆる近代組織の中で働いている日本人がいかに「西欧」のそれと異なっているか、そして本質的に少なくとも明治以来あまり変っていないという事実は、こうした単純な考え方に反省をうながさざるを得ないのである。

大切なことは、たんに変るということでなく、経済的・政治的変動・変化を通じて、どのような部分に変化がみられ、どのような部分が変らないかということ、そして、その変化と変化しないものが、日本の社会の中で、どのように矛盾と感じられずに総合されていっているかということである。

第一の西欧理論使用派に対して、第二の特色派は、前者が切り捨てていくプラス・アルファを大切にし、それを積極的に強調し、そこに意義（よい意味でも、また悪い意味でも特色となっているもの）を見出し、それによって、日本人の社会・文化を説明しようとするのであるが、この立場は「西欧」の理論的成果をむしろネガティブに使うため、理論的には非常に弱く、どちらかといえば、「思いつき」的な説の弱さ（理論的一貫性を欠く）をもっている。

そこで、本論の目的とするところは、すでに気がつかれていると思うが、第一、第二のいずれの立場とも異なるもので、日本社会の構造を最も適切にはかり得るモノサシ（和服における「鯨尺」）を提出することにある。この種のアプローチは何も新しいものではなく、実は社会人類学、特にこの二、三十年英国で発達してきた特色ある方法論であって、この「モノサシ」のことを、社会人類学では「ソーシャル・ストラクチュア」（社会構造）という基準用語（key-term）によって表現している。したがって「ソーシャル・ストラクチュア」というのは、社会学・経済学・歴史学などで従来使用されてきた「社会構造」という用語とは少し意味が異なっている。すなわち、後者では、たとえば、十七世紀の英国の社会構造とか、日本農村社会構造などというように使われ、その時代、あるいはその社会の全体像、重なりあっている諸要素の仕組、制度化された組みたて、というような意味をもっている。これに対して、社会人類学でいう「ソーシャル・ストラクチュア」というのは、ずっと抽象化された概念であって、一定の社会に内在する基本原理ともいうべきものである。たとえば、社会組織（social organization）は変っても、社会構造（social structure）は変らない、という場合が出てくるのである。本論で明らかにするように、集落と都市の会社（集団としての）では、あらゆる組織、様式が異なるにもかかわらず、社会集団としての「ストラクチュア」が同一であることが指摘できるなど。

社会人類学においては、この基本原理は常に個人と個人、また個人からなる集団と集団の関係を基盤として求められる。この関係というものは、社会（あるいは文化）を構成する諸要素の中で最も変りにくい部分であり、また経験的にもそうしたことが立証されるのである。そして、この「ソーシャル・ストラクチュア」の理論的設定は、その社会の複雑な諸現象を解明するばかりでなく、社会が内的な変化、そして（あるいは）外的な刺激を受けた場合、それに対応する仕方のありうべき範囲（possible range）を設定する要《かなめ》のようなものであり、それは変化現象に対して理論的な説明、来るべき変化現象に対する一定の予測を行う基盤ともなりうるのである。

変化というものは、どんな時代の、またどの社会をとってみても、白紙の状態に起るものではなく、一定の歴史的な存在の上にのみ起りうるのであって、それを完全に否定した、あるいは、それから離れた大変化というものはない。もしあるとすれば、極めてスケールの小さい小人口からなる社会が、圧倒的な経済力と政治権力をもった外からの社会に呑流されるような場合だけであろう。「ソーシャル・ストラクチュア」の持続性《パージステンス》・固執性の度合は、その社会の歴史が古いほど、またその社会の人口が大量で密度が高いほど強いものである。これは社会がそれ自体高度に統合《インテグレイト》されており、社会としての質が高く厚いために、いっそう根強い力をもつものである。近代化に伴うすべての変化現象も、これを前提として考えるべきである。たとえばインドが近代化にあたって日本と同じような変化の道（社会のあり方において）をたどり得ないのは当然であって、近代化の複雑性もここにあるのである。

さらに、社会人類学の研究は、その基礎が人《ヒト》の行動の観察に出発しているのであり、「ソーシャル・ストラクチュア」の理論は、社会組織自体のみではなく、その社会の人々の考え方、行動様式をも論理的な一貫性においてある程度説明しうるものである。したがって、筆者がここに提出する、日本の諸社会集団にみられる諸現象から抽象された構造の理論的当否は、その論理的一貫性

(logical consistency) ばかりでなく、実際の日本社会にみられる諸現象、日本人のもつさまざまな行動様式、考え方、価値観など、に対する妥当性・有効性 (validity) の存否によってもテストされうるものである。

2　資格と場による集団構成

一定の個人からなる社会集団構成のあり方を、極めて抽象的にとらえると、二つの異なる原理が設定できる。すなわち、個人の共通の資格によるものと、場の共有によるものである。資格とは、たとえば、一定の血縁集団の成員であるとか、またカーストの成員とか、あるいは地主、小作などというもので、これらに対して、××村の成員というのは、場の共通性にもとづくものである。産業界を例にとれば、旋盤工というのは資格であり、P会社の社員というのは場による設定である。同様に、教授、事務員、学生というのは、それぞれ資格であり、R大学の者というのは場である。

どの社会においても、個人は資格と場による社会集団、あるいは社会層に属している。この両者が全く一致して一つの社会集団を構成する場合はなきにしもあらずであるが、たいてい両者は交錯して各々二つの異なる集団を構成している。そこで興味あることは、筆者の考察によれば、社会によって資格と場のいずれかの機能を優先したり、両者が互いに匹敵する機能をもっている場合がある。

この機能のあり方は、その社会の人々の社会的認識における価値観に密接な相関関係をもっている。そして、そこにその社会の構造を端的に考察することができる。この点において最も極端な対照を示しているのは、日本とインドの社会であろう。すなわち、日本人の集団意識は非常に場におかれており、インドでは反対に資格（最も象徴的にあらわれているのはカースト——基本的に職業・身分による社会集団——である）におかれている。インドの社会について本論で述べる余地がないが、筆者は、社会人類学の構造分析のフィールドとして、日本とインドほど理論的アンチテーゼを示す社会の例は、ちょっと世界中にないように思われる。中国やヨーロッパの諸社会などは、いずれも、それほど極端なものではなく、その中間（どちらかといえば、インドよりの）に位するように思われる。

場を強調する日本社会

さて、本論である、場を強調する日本の社会集団のあり方の分析に入ろう。

日本人が外に向って（他人に対して）自分を社会的に位置づける場合、好んでするのは、資格よりも場を優先することである。記者であるとか、エンジニアであるということよりも、まず、A社、S会社のものということである。また他人がより知りたいことも、A社、S会社ということがまず第一であり、それから記者であるか、印刷工であるか、またエンジニアであるか、事務員であるか、ということである。実際、××テレビの者です、というのでプロデューサーか、カメラマンであると思っていたら、運転手だったりしたなどということがある（このごろの日本では、みんな背広を着ているので一見しただけではちょっとわからない場合が多い）。

ここで、はっきり言えることは、場、すなわち会社とか大学とかいう枠が非常に社会的に集団構成、集団認識に機能することであって、個人のもつ資格自体は第二の問題となってくる。

この集団認識のあり方は、日本人が自分の属する職場、会社とか官庁、学校などを「ウチの」、相手のそれを「オタクの」などという表現を使うことにもあらわれている。この表現によく象徴されているように「会社」は個人が一定の契約関係を結んでいる企業体であるという、自己にとって客体としての認識ではなく、私の、またわれわれの会社であって、主体化して認識されている。そして多くの場合、それは自己の社会的存在のすべてであり、全生命のよりどころというようなエモーショナルな要素が濃厚に入ってくる。A社は株主のものではなく、われわれのものという論法がここにあるのである。この強い素朴《ネイティブ》な論法の前には、いかなる近代法といえども現実に譲歩せざるを得ないという、極めて日本的な文化的特殊性がみられる。

この日本社会に根強く潜在する特殊な集団認識のあり方は、伝統的な、そして日本の社会津々浦々にまで浸透している普遍的な「イエ」（家）の概念に明確に代表されている。「家」については、従来法学者や社会学者によって「家制度」の名のもとにずいぶん論ぜられてきた。そして近代化に伴って、特に新憲法によって「家」がなくなったと信ぜられている。こうした立場は「家」というものを、特に封建的な道徳規範などと結びつけたイデオロギー的見地から論じたものであって、その社会的集団としての本質的構造については触れられていない。筆者の立場からすれば、「家」を構成する最も基本的な要素は、家をついだ長男の夫婦が老夫婦とともに居住するという形式、あるいは家長権の存在云々という権力構造ではなく、「家」というものは、生活共同体であり、農業の場合などをとれば経営体であって、それを構成する「家成員」（多くの場合、家長の家族成員よりなるが、家族成員以外の者を含みうる）によってできている、明確な社会集団の単位であるということである。すなわち、居住（共同生活）あるいは（そして）経営体という枠の設定によって構成される社会集団の一つである。ここで重要なことは、この「家」集団内における人間関係というものが、他のあらゆる人間関係に優先して、認識されているということである。すなわち、他家に嫁いだ血をわけた自分の娘、姉妹たちより、よそから入ってきた妻、嫁というものが比較にならないほどの重要性をもち、同じ兄弟ですら、いったん別の家を構えた場合、他家の者という認識をもち、一方、全くの他人であった養子は、「家の者」として自己にとって、他家の兄弟よりも重要な者となる。兄弟姉妹関係（同じ両親から生れたという資格の共有性にもとづく関係）の強い機能が死ぬまで強くつづくインドの社会などと比べて、驚くほど違っている。理論的に、兄弟姉妹関係の機能が強ければ強いほど、「家」（居住体としての）の社会的独立性は弱くなるのであり、実際にもインドでは日本にみられるような「家」制度は全く発達していないのである（言うまでもなく、もちろん日本にみられる婿養子制などというものはヒンドゥ社会には存在しない。ヨーロッパにおいても同様である）。すなわち、資格による集団構成力が枠による集団構成力に強く対抗しているのである。「家」の構造に明確にあらわれているこの枠による機能集団構成原理というものは、理論的に当然資格を異にする構成員を含む可能性をもち、またそれが現実的に普通みられるのである。全く血のつながりのない他人を後継者、相続者として迎えうるばかりでなく、奉公人や番頭が「家」成員を堂々と構成し、家長の家族成員同様の取扱いを受ける場合が非常に多かったのである。番頭を娘の夫として（婿養子として）家を継がせるなど、全くこうした考え方を前提としなければできないことである。

日本における社会集団構成の原理はこのように「家」に集約的にみられ、中世以来同一の社会を構成してきた日本の人口に全く共通して「家」がみられることは、日本の社会構造の特色として枠設定による集団構成というものが明らかにとらえられるのである。

「家」よりも大きい集団としては、中世的な「一族郎党」によって表現される集団がある。この表現によってあらわされる集団構成のあり方は、筆者の提出している枠による集団のあり方を全くよく反映している。すなわち、一族（同じ血統・あるいは家系につながる者）と郎党に分けるのではなく、一族・郎党一丸となって一つの社会集団を構成しているのである。そしてその間にはしばしば婚姻も結ばれ、現実的にも、その差は不明確なほど両者は密着している。「家」における家族成員と番頭・奉公人のあり方と同じである。

さらに、こうした「家」「一族郎党」を構成した人々は、近代社会に入ると「国鉄一家」的集団を構成する。組合は職員・労働者ともに包含し、労使協調が叫ばれる。家制度が崩壊したといわれる今日なお、「家族ぐるみ」などといわれるように、個人は常に家族の一員として、また従業員の家族は従業員とともに一単位として認識される傾向が強い。

　このような枠単位の社会的集団認識のあり方は、いつの時代においても、道徳的スローガンによって強調され、そのスローガンは、伝統的な道徳的正当性と、社会集団構成における構造的妥当性によって支えられ、実行の可能性を強く内包しているのである。

3　集団成員による全面的参加《エモーショナル・パーティシペーション》

　枠の設定によって共通の場を基盤として構成される社会集団が、資格を異にする者を内包する結果となることは、前節によって明らかなところである。そこで次に問題となるのは、このように異なる資格をもつ者から構成される集団が強い機能をもつ場合、集団結集力を導き出す何らかの方法が必ず講ぜられなければならない。集団が資格の共通性によって構成されている場合には、その同質性によって、何らの方法を加えなくとも、集団が構成されうるのであり、それ自体明確な排他性をもちうるものである。もちろん、さまざまな条件が加えられることによって、その機能の強弱は論ぜられようが、集団構成の基盤にその構成員の同質性自体が大いにものをいうのであって、条件は二義的なものとなる。

同質性を有せざる者が場によって集団を構成する場合は、その原初形態は単なる群であり、寄合世帯で、それ自体社会集団構成の構造をもたないものである。これが社会集団となるためには、強力な恒久的な枠、たとえば居住あるいは（そして）経済的要素による「家」とか「集落」とか、企業組織、官僚組織などという外的な条件を必要とする。そしてさらに、この枠をいっそう強化させ、集団としての機能をより強くするために、理論的にもまた経験的にも二つの方法がある。一つはこの枠内の成員に一体感をもたせる働きかけであり、もう一つは集団内の個々人を結ぶ内部組織を生成させ、それを強化することである。この両者は経験的にみて、並行し、重なりあって進められており、実際には共通の運動方則となっているが、論述の都合上、一応分けて考察する。本節では、まず、一体感について論じ、さらに本論の4、5において内部組織について詳しく論ずることにする。

集団の結束と孤立を招く一体感の強調

資格の異なる者に同一集団成員としての認識、そしてその妥当性をもたせる方法としては、外部《エクスターナル》に対して、「われわれ」というグループ意識の強調で、それは外にある同様なグループに対する対抗意識である（これに関しては、本論4の論述において詳しく展開する）。そして内部的《インターナル》には「同じグループ成員」という情的な結びつきをもつことである。資格の差別は理性的なものであるから、それを超えるために、感情的《エモーショナル》アプローチが使われる。

この感情的アプローチの招来するものは、たえざる人間接触であり、これは往々にしてパーソナルなあらゆる分野（公私をとわず）に人間関係が侵入してくる可能性をもっている。したがって、個人の行動ばかりでなく、思想、考え方にまで、集団の力が入り込んでくる。こうなると、どこまでが社会生活（公の）で、どこからが私生活なのか区別がつかなくなるという事態さえ、往々にして出てくるのである。これを個人の尊厳を侵す危険性として受けとる者もある一方、徹底した仲間意識に安定感をもつ者もある。要は後者の方が強いということであろう。自分の家庭のこと、恋愛のことなどを同僚に語る者が日本人にはいかに多いか、集落内の結婚、職場結婚というものがいかに多いか、また会社の慰安旅行に家族が参加したりすることなど、こうしたことを物語っている。これは同時に、集落とか職場を除いて、自分の社会生活の場をもっていないという生活圏といおうか、社会学的場の単純性、単一性（一方的所属《ユニラテラル》）からくるものである。そしてあらゆる個人の問題はその枠の中においてのみ解決されなければならない。

まず、この種の集団のあり方の原型は、前節であげた日本のいわゆる「家」を例に求めることができる。たとえば、日本では嫁姑の問題は「家」の中のみで解決されなければならず、いびられた嫁は自分の親兄弟、親類、近隣の人々から援助を受けることなく、孤軍奮闘しなければならない。インドの農村では（筆者が調査中に非常に印象深く感じたのであるが）、長期間の里帰りが可能であるばかりでなく、常に兄弟が訪問してくれ、何かと援助を受けるし、嫁姑の喧嘩は全くはなばなしく大声でやり合い、隣近所にまる聞えで、それを聞いて、近隣の（同一カーストの）嫁や姑が応援に来てくれる。他村から嫁入りして来た嫁さん同士の助け合いは全く日本の女性にとっては想像もつかないもので羨ましいものである。こんなことにもいわゆる資格（嫁さんという）を同じくする者の社会的機能が発揮され、家という枠に交錯して機能しているのである。日本では反対に「子供の喧嘩に親が出る」のであって、次節で詳しく述べるように全く反対の構造である。

インドでは、家族生活をするうえで、その成員、個々人の地位《ステータス》によって、ずいぶんいろいろな規則があるが（たとえば、妻は夫の兄、父に対しては直接顔を見せたり話をしてはいけないというような）、それらはみな個々人の行動に関するものであり、また、その規則は各家によって異なるものではなく、社会全体（詳細には各カースト成員間）に共通するものである。そして、各家のしきたりによってその成員がしばられるという度合は、日本の「家」のそれと比べるとずっと少ない。考え方とか思想となると、同じ家族成員でも非常に個性が強く、自由なのは驚くほどである。

夫唱婦随とか夫婦一体という道徳的理想はあくまで日本的なものであり、集団の一体感の強調のよいあらわれである。従来のいわゆる家制度の特色とされてきたような日本の家長権というものは、家成員の行動、思想、考え方にまで及ぶという点で、インドの家長権より、はるかに強力な力を発揮しうる性質のものであったと言えよう。近代化に伴って、特に戦後「家」制度というものが封建的な悪徳とされ、近代化をはばむものであったと考えられている根底には、こうした家長権の無限な浸透による悪用があったことが指摘できるのである。しかし、ここでつけ加えておきたいことは、実際は家長個人の権力と考えられがちであったが、実は「家」という社会集団のグループとしての結束力が成員個々人を心身ともにしばりつけていたと言えよう。

インドの家族制度というものが、その社会の近代化にあって、経済的、道徳的に個人に邪魔することはあっても、その思想とか考え方については全く解放的であるためか、日本人が伝統的ないわゆる「家」制度というものを目のかたきのようにしているのに対し、インドの家族制度はインド人にとって悪徳でもなく仇にもなっていないのである。日本に長く留学していたインド人が筆者に不思議そうに質《たず》ねたことがある。「日本人はなぜちょっとしたことをするのにも、いちいち人と相談したり、寄り合ってきめなければならないのだろう。インドでは、家族成員としては（他の集団成員としても同様であるが）必ず明確な規則《ルール》があって、自分が何かしようとするときには、その規則に照らしてみれば一目瞭然にわかることであって（何も家長やその成員と相談する必要はない）その規則外のことは個人の自由にできることであり、どうしてもその規則にもとるような場合だけしか相談することはないのに」と。これによってもよくわかるように、ルールというものが、社会的に抽象化された明確な形をとっており（日本のように個別的具体的なものでなく）、「家」単位というような個別性が強くなく、また家族成員の集団参加が日本人の「家」にみられるような全面的参加ではなく、居住（または財産共有体としての）家族というものは「家」のように閉ざされた世界ではなく、個人は家の外につながる社会的ネット・ワークによっても強く結ばれているのである。

日本の「家」にあらわれている集団としての特色は、また大企業を社会集団としてみた場合にも見られるのである。すなわち、終身雇用制によって、仕事を中心として従業員による封鎖的な社会集団が構成される（新規採用者はちょうど新しく生れた家成員、あるいは新たに婿入りをして加わった者の位置に立っている）ばかりでなく、社宅生活、従業員家族慰安会、結婚出産慶祝金、弔慰金の制度などをみてもわかるように、従業員の私生活、すなわち家族にまで会社の機能が及んでいる。そして興味あることは、この方向は、最も先端をゆく大企業ほど、また、近代的とか先進的とか言われる経営に極めて顕著にみられるのである。

明治以来、現在にいたるまで、日本の経営管理に一貫してみられるのは、いわゆる「企業は人なり」の立場で、経営者と従業員は仕事を媒介として契約《コントラクト》関係を結ぶというより、よく経営者の言葉にあらわれているように、経営者と従業員は「縁あって結ばれた仲」であり、それは夫婦関係にも匹敵できる人と人との結びつきと解されている。したがって、従業員は家族の一員であり、「丸抱え」という表現にもあるように、仕事ではなく人を抱えるのであるから、当然その附属物である従業員の家族が入ってくる。したがって日本の企業の社会集団としての特色は、それ自体が「家族的」であることと、従業員の私生活に及ぶ（家族が外延的に入ってくる）という二点にある。後者は前者の当然の結果として出てくる。

私生活にまで及ぶということは、従業員の考え方、思想、行動を規制してくるものであり、「家」における家族成員（正確には家成員）のあり方と軌を一にしてくるのである。そして注目すべきことは、この方向は、明治・大正・昭和・戦時・戦後を通じて一貫して、経営者（および施政者）

によって意識的に強調され、そしてそれが常に成果をおさめ、成功してきたという事実である。

たとえば、明治四十二年、後藤新平総裁の提唱した「国鉄一家」、戦争中の産業報国会の精神（「工場は生産を以て皇国勤労の本旨を実践する道場なり。これを護る者は勤労者の団結なり。宜しく上下相扶け左右協同し、一家の親和を以て苦楽を共にし、云々」昭和二十年二月、軍需省厚生省編『勤労規範草案工場編』より）、さらに現在よく問題とされている「愛社精神」「新家族主義」など。近代的とか先進的と言われる経営では、「愛社精神」を真正面から吹きこむというよりは、「愛社心が旺盛であるかどうかは事務管理のバロメーターである」というように経営方針の結果として、それを望むのであるらしいが、「社を愛せよ」というのと「愛社精神くたばれ」などと反対ともみえる異なる表現を使ったりするだけで、その意図するところは結局従業員の全面的（全人格的）なエモーショナルな参加にあることは疑う余地のないところである。さらに戦後飛躍的発展をした労働組合までが、職員、工場労働者などあらゆる資格、職種の異なる構成員を網羅し、企業単位に（ある見方をすれば、社長のいない産業報国会と言われるような）成立していることなど注目すべきことである。こうした企業体に働く者は、好むと好まざるとを問わず、その集団に居つづけることとなり（戦前は一方的に首にされることはあったが）、他の会社に移りたくとも、そのルートがない（たとえ年功序列賃金制がないとしても）。すなわち、職種別組合《クラフト・ユニオン》的な「ヨコ」の同類とのつながりがないから、情報も入らないし、同類の援助も得られない（ちょうど、嫁いできた日本の嫁の地位に似ている）。

農村の封鎖性ということはしばしば言われてきたのであるが、筆者の観点からすれば、都市における企業体を社会集団としてみると、基本的な人間関係のあり方、集団の質が非常に似ていることが指摘できるのである。農村自体についても詳しく述べる紙数をもたないが、他の社会の農村のあり方に比して、日本農村の集落の孤立性、集落が集団として、個々の成員を束縛する度合が非常に強いことが指摘できるのである（村八分などということがありうる点などもそのよい例である）。

エモーショナルな全面的な個々人の集団参加を基盤として強調され、また強要される集団の一体感というものは、それ自体閉ざされた世界を形成し、強い孤立性を結果するものである。ここに必然的に、家風とか社風というものが醸成される。そして、これはまた、集団結束、一体感をもり立てる旗印となって強調され、いっそう集団化が促進される。

一体感によって養成される枠の強固さ、集団の孤立性は、同時に、枠の外にある同一資格者の間に溝をつくり、一方、枠の中にある資格の異なる者の間の距離をちぢめ、資格による同類集団の機能を麻痺させる役割をなす。すなわち、こうした社会組織にあっては、社会に安定性があればあるほど同類意識は稀薄となり、一方「ウチの者」「ヨソ者」の差別意識が正面に打ち出されてくる。

地域的《ローカル》で接触的《タンジブル》な人間関係

「ウチ」「ヨソ」の意識が強く、この感覚が尖鋭化してくると、まるで「ウチ」の者以外は人間でなくなってしまうと思われるほどの極端な人間関係のコントラストが、同じ社会にみられるようになる。知らない人だったら、つきとばして席を獲得したその同じ人が、親しい知人（とくに職場で自分より上の）に対しては、自分がどんなに疲れていても席を譲るといった滑稽な姿がみられるのである。

この態度が集団として、極端にあらわれる例は、離島といわれるような島の人たちや、被差別部落の人たちに対する、日本人の驚くべき冷たさ、軽蔑、疎外の態度である。自分たちの世界以外の者という全くの異質性がそこに設定されている。インドにも差別を受ける下層グループがあるが、この人たちや、自分たちと異なる言語を話すグループ、あるいは異なるカーストに対する態度は、この日本人の態度とは一見似ているが違うものである。インド人にとっては「ウチ」「ソト」という二つの異質の集団としての区別ではなく、A、B、C……といろいろある設定のうち、自分はたまたまAであり、相手はBであるというとらえ方であって、A、B、C……は全体で一つの社会を形成する、社会学的に同列にあるいは同質におかれるグループである（その並べ方、上下関係はいろいろ設定できようが）。日本人の場合は「ウチ」がすべての世界であるのに対して、インド人の場合は、全体の中の一つであるという認識である。

この社会学的な認識の相違は、日本人同士、インド人同士の接触のあり方にもはっきりあらわれている。たとえば、外国滞在の経験をもつものなら誰でも思い起すことができよう。あの日本人同士が偶然外国で居合わせたときに起る「冷たさ」を通りこした「いがみ合い」に似た「敵意」に満ちたような視線のやりとりは、全くお互いにやりきれないことだ。これを私なりに分析すると、知らない人はすべて「ヨソ者」で、「ヨソ者」とは知的にも情的にも交流した経験のない不安定さが、自分をいらだたせ、それが異人種の中で生活する孤独さのなかで、突然言葉の通ずる同類を発見したという驚きと混合して、その自己の弱みをカバーするためにつくられた虚勢ではないかと思われるのである。こうした日本人の行動というものは、日本社会のあり方と密接につながっていると考えられるのである。

この例によって浮彫された日本人の姿というものは、俗的に表現すれば「社交性の欠如」に尽くされる。こんなとき、全く同じ条件におかれたインド人や中国人がどのように振舞うかをよく観察して、比較してみるといい。何とスムースに如才なく行くことか！　インド人や中国人にとっては、実際に知らない人々の中に常に「見えないネット・ワーク」によって結ばれている人々がいるという大前提がある。それは、同一血縁の者か、同業者か、何かの同一資格によって結ばれる人々である。知らないからといって日本人のように「ヨソ者」とは限らないのである。

もう一つ違うところは、日本人の場合でも、たとえ知らなくても同一集団、同類集団に属しているかも知れない。しかし、知らないような場合は、たとえそうした関係が設定できても、その関係からはまず大した期待をもつことができないということである。インド人や中国人の場合のように、ネット・ワークが設定できても、それは十分に機能しえないのである。その人間関係は、ネット・ワークの部分としてとらえられず、「あいつは好感がもてる」とか「いやな奴だ」というように直接的な感情にまず還元され、すべてその次に事が運ばれるのである。

社交性の欠如は、こうした社会全体の仕組、基本的な人間関係のあり方につながるのであるが、特に強調したいのは、前述した枠による集団の構成のあり方からはおよそ社交性というものを育てる場がないということである。すなわち、社交性とは、いろいろ異なる個々人に接した場合、如才なく振舞いうることであるが、一体感を目標としている集団内部にあっては、個人は同じ鋳型にはめられているようなもので、好むと好まざるとにかかわらず接触を余儀なくさせられ、個人は集団の目的、意図によりかなっていれば社会的安全性が得られるのであり、仲間は知りつくしているのであり、社交などというものの機能的存在価値はあまりないのである。同様に「他流試合」の楽しさとか、きびしさもなく一生を終ってしまうという大勢の人間が生産される。個性とか個人というものは埋没されないまでも、少なくとも発展する可能性は極めて低くなっている。

このようにして生産され、教育（社会的な意味で）される人間関係の特色は、地域性《ローカル》が強く、直接接触的《タンジブル》であるということである。地域性が強いということは、その集団ごとに特殊性が強いということと、一定の集団構成員の生活圏がせまくその集団内に限定される傾向が強いということである（「地域性」という日本語より、英語の Local がよくあてはまる。地理的な意味に限定せず、社会的な意味につかう。感覚としては「田舎っぺ」という表現がよく当り、すなわち、自分たちの世界以外のことをあまり知らない、あるいは、他の世界の存在をあまり知らず、それになれていないということである）。この地域性はあらゆる分野に共通してみられる。派閥集団を形成している政治家は、自分たちで他の派閥内のことがよくわからず、政治記者が他の派閥の情報提供者であったりする。学者や知識人はグループを常に構成し、その中で独得な発想法や用語を使用して、第三者や他のグループとは同じ分野の専門でありながら、さっぱり意思が疎通せず、ディスカッションが不可能だったりする。同じ日本人でもよくわからないのであるから、国際性のないことはおびただしい。また戦後特に日本人は旅行をよくするが、団体旅行の形式が圧倒的に多く、物理的に土地を変えるというだけで、社会的には、あくまで自己の集団内にとどまるという強い地域性をもちつづけている。

直接接触的（tangible）であるということは、ローカルであることと必然的に結びついている。前述のごとく、集団構成員の異質性からくる不安定さを克服するために、集団意識を常に高揚しなければならない。そしてそれは多分に情的に訴えられるものであるから、人と人との直接接触を必要とし、また、その炎をたやさないためには、その接触を維持しなければならない。このタンジブルであるというところから、人間関係に二つの特色が生まれる。

第一は、人間関係のあり方が、実際の接触の行動自体に非常に左右されやすい。そのため驚くほどデリケートな（ほとんど外国人に翻訳不可能なほどの）言葉使いとか、表情とか、姿態というものが発達している。「いばる」とか「へつらう」といったものが発達するし、「ノー」というような否定形を直接とる返事というものは、上から下へとか全く相反している関係以外にはほとんどつかわれなくなる。

第二の特色としては、人間関係の機能の強弱は実際の接触の長さ、激しさに比例しがちである。日本のいかなる社会集団にあっても、「新入り」がそのヒエラルキーの最下層に位置づけられているのは、この接触の期間が最も短いためである。年功序列制の温床もここにある。これが、他の社会にみられる「縁者びいき《ネポティズム》」よりいっそう強く日本では支配している。そこで、社会集団内における個人の位置づけは、その個人の集団との接触期間に支配されがちである。すなわち実際の接触自体が個人の社会的資本となり、その資本は他の集団に転用できないものであるから、集団をAからBに変るということは、個人にとって非常な損失となる。たとえ、Aの会社からBの会社に移って、同じあるいは、それ以上の給料をとることができ、実質的な（経済的）損失がない場合においても、社会的損失というものが残ると思われる。

直接接触の機能は、その期間の絶対的長短とともに、その現実的な持続性が問題となる。同じ集団に属していても、物理的に遠隔の場に立つということはマイナスを招くことが多い。そして実際に、ある期間離れていたということが、実際の人間関係を疎遠にすることがよくある。今まで東京に仕事の場をもっていた者にとって、東京を離れるということは、地理的に東京を離れるということのみでなく、仲間から社会的に遠くなるという悲哀をもつものである。「去る者は日々に疎し」とは全く日本的な人間関係を象徴しており、「水盃《みずさかずき》」のもつ悲壮感はここから生まれる。社会生活をする個人にとって頼りになる者は、同じ仕事の仲間であり、日々実際に接触している人々である。

あらゆる職業を通じて、外国にいる日本人の頼りなさ、淋しさ、いらだたしさなどは、ちょっと他に類がないほどである。「忘れられてしまうのではないか」「やつはひょっとすると、うまくやってもう昇進しているかも知れない」などと異国にいて流刑者のごときやるせなさを味わう。そして、少しでも仲間から離れないように、せっせと手紙を書き送る。しかし日本にいる者にとっては、「日々疎し」であるから、次第に返事は少なくなり、ついには仕事以外の連絡はなくなってしまう。千秋の思いで「帰国命令」を待ちわびる。やっとうれしい帰国がかなえられて、もとの職場に帰るが、一定の期間どうもしっくりいかない。熱帯にやられていた場合など、これが「南方ボケ」というレッテルのもとに笑い者とされる。あきらかな社会的マイナスである。

外国勤務の場合、たった一人現地に置かれる場合の他、同僚とか、同じようなあるいは異なる仕事に従事している日本人が何人かいて、現地において小社会を形成している場合も少なくない。この場合は、いうまでもなく日本内地の社会集団と全く同じ構成、構造をもつミニアチュアができる。背景となる現地の社会があまりに異なるので、その特殊性も驚くほど明瞭に発揮される。その特色は、まず、在住日本人の関心が専らこの集団にむけられること、そして、みな好きでもいがみ合っていても、常に接触していることとである。これは、前述のローカルでタンジブルな日本人の社会集団対応のあり方を示している。

このような日本人の集団参加のあり方に対して、資格において集団が構成されている場合には、個人の生活の場とか、仕事の場のいかんにかかわらず、空間的・時間的な距離をこえて、集団はネット・ワークによって保持される可能性をもっている。外国に滞在しているインド人、中国人、ヨーロッパ人たちが現地においで、ゆうゆうとして仕事をし落ち着いた生活をしているのは、実にこのネット・ワークの存在にあるのである。そしてこのネット・ワークは、その集団の約束事以外は、少しも個人の行動、考え方を束縛するものではないから、非常に自由に現地の人間とも交わることができ、また現地の集団成員にもなることができ、二重、三重に異なる集団に属することが可能なのである。

日本人の集団所属、人間関係は常にユニラテラル（unilateral＝一方的）な構造をもっている。もちろん二つ以上に属していることが多いが、その場合、必ず一つ優先するものがはっきりあり、あとは第二義的なものとなっている。中国人の場合に最も典型的にあらわれているように、二つ以上のいずれがより重要かということがきめられない。いずれも同じように重要に機能している。しかし、質の異なるものであるから中国人の頭の中では、二つ以上に同時に属していることは、少しも矛盾ではなく、当然という考えに立っている。

日本人にとっては、「あいつ、あっちにも通じてやがるんだ」ということになり、それは道徳的な非難を帯びている。この見方を日本人は潔癖だからなどといって得意になるのが、またいかにも日本人的である。「二君に見《まみ》えず」の日本人らしさである。こう心身ともに全面的参加をしてしまうのでは、とても二君に見えるような余裕もないわけである。

筆者が本論の題に「単一社会《ユニラテラル・ソサエティ》」という用語を使用したのは、この点を象徴的にとらえたものである。個人の集団帰属がユニラテラルであるばかりでなく、さらに個人と個人を結ぶ関係が一方的《ユニラテラル》に設定されること、また全社会における諸集団のあり方も単一性《ユニラテラリティ》が強く、その相互関係も一方的《ユニラテラル》に設定されるということをも意味しており、これらについて次節以下詳しく論ずるところである。

4 「タテ」組織による人間関係

「タテ」の関係

場の共通性によって構成された集団は、前述の如く、枠によって閉ざされた世界を形成し、成員のエモーショナルな全面的参加により、一体感が醸成されて、集団として強い機能をもつようになるわけであるが、これが小集団であれば、特に個々の成員を結ぶ特定の組織といったものは必要ではないが、集団が大きい場合、あるいは大きくなった場合、個々の構成員をしっかりと結びつける一定の組織が必要であり、また必然的に組織ができるものである。この組織がまた面白いことには、日本のあらゆる社会集団に共通した形式がみられることである。筆者はこれを便宜的に「タテ」の組織と呼ぶ。

理論的に人間関係をその結びつき方の形式によって分けると「タテ」と「ヨコ」の関係となる。例えば、前者は「親子」関係であり、後者は「兄弟姉妹」関係である。また、上役・部下の関係に対する同僚関係も同様である。社会組織においては、両者いずれも重要な関係設定要因であるが、社会によって、そのどちらかがより機能をもつもの、また両者とも同等の機能をもつものがある。

前節に述べた資格の異なるものを包含する社会集団というものを前提とすれば、その構成員を結びつける方法として、理論的にも当然「タテ」の関係となる。即ち、「タテ」の関係とは、同列におかれないA・Bを結ぶ関係である。これに対して「ヨコ」の関係は、同質のものあるいは同列に立つX・Yによって設定される。個々人に共通する一定の資格によって集団が構成される場合は、その同質性ゆえに「ヨコ」の関係が機能をもつ。この「ヨコ」の関係は、理論的に、カースト、階級的なものに発展し、「タテ」の関係は「親分・子分関係」によって象徴される。

序列の発達

さて、日本における社会集団構成のあり方から理論的に予測される「タテ」の関係は、実際に強調され、機能をもち、それが現実の集団構成員の結合の構造原理となると、たとえ同一集団内の同一資格を有する者であっても、それが「タテ」の運動に影響されて、何らかの方法で「差」が設定され、強調されることによって、いわゆる驚くほど精緻な序列が形成される。

同じ実力と資格を有する旋盤工であっても、年齢、入社年次、勤続期間の長短などによって差が生じ、同じ大学の教授であっても、発令の年月日によって序列ができ、またかつての軍隊では、同じ将校といえども位官の違いによる差別は、驚くほど大きく、さらに同じ少尉であっても任官の順によって明確な序列ができていたという。同じく外交官といえども、例えば一等書記官と二等書記官の差は素人では想像できないほど大きく、さらに同期（外交官試験合格年次）であるとか、先輩・後輩の序列がある。

こうした例をあげればきりのないほどあるが、要するに、同じ資格、あるいは身分を有する者の間にあっても、常に序列による差が意識され、また実際にそれが存在するということは、その集団内の個々人にとっては、直接的な関心事であるゆえに、それが職種、身分、位階による相違以上の重要性をもちやすいのである。そして事実、先輩・後輩の序列は社会集団内において驚くほどの機能をもっている。

たとえば、これは近代企業における能力主義の人事管理をはばむ一つの重要な要因となっている。従業員の序列というものは入社年次によって（学歴が同じであるということを前提としているが）普通きまるようである。これは、経営者側がつくるというよりは、従業員自体の意識によって設定されるといえよう。たとえば、会社によっては、同年に入った者たちが「同期生の会」というのをしばしばつくっている。これはいっそう会社内における先輩・後輩の序列をはっきりさせる役割をもち、年功序列をますます助長させる結果となっている。同期生の一人が抜擢されると、同期の者はすべて「あいつがなるんだったら、われわれだって」という気持にかり立てられ、大騒ぎになる。もちろん自分より後輩が自分をとびこえたりしたらたいへんなことになる。この驚くべき序列意識に対しては会社側はたとえ近代的管理法といわれる能力主義を打ち出したとしても、たじたじとならざるを得ない。筆者のみるところ、日本人の「オレだって」という意識は全く世界に類例を見ないほど強く、自己に対する客観性をミニマムにしている。したがって、会社側がどんなに客観的な方法を講じても、なかなか納得されるものではない（試験という方法を採用しているところもあるときくが、それなどはまずよい方法であろう）。そこで、経営者側は、例えば同期の何人かをズルズルとあまり差をつけず昇進させるというところに追いこまれる。課長は一人しかないのだから、課長代理、補佐とか、いろいろ不必要な細かい序列をつくって何とか処理する以外になくなる。比較的歴史のある大企業ほど、社会集団として安定性と密度が高いため、いっそうこの序列の力というものが強いと言えよう。言いかえれば、中小企業や新しい企業ほど、年功序列賃金から能力給への転換がやりやすいと言えよう。

この序列の強さは、職種の違いをこえるものであって、同期生意識は普通職種をとわず貫かれている。これは雇用がはじめから職種別に行われず、白紙の状態で入社し、職種は会社側によってきめられ、普通同一個人が異なるいくつかの職種につくというコースを歩むためでもあろう。このように経営者側にも被雇用者側にも「職種」の制度が確立していないところにいっそう「序列」というものが機能をもつ結果ともなっている。理論的に「ヨコ」（職種）と「タテ」（序列）は反比例の関係に立っていると言えよう。

「タテ」の関係、いわゆる序列にあまり重きをおかない社会の人々にとっては、この日本的な意識はちょっと奇異にうつるものである。ちょうど日本人がなぜインド人は変てこなカースト制などというものをもっているのだろうかというのと同じように。

かつて私がロンドン大学で客員講師をしていた頃の事である。社会人類学の同僚とお茶を飲みながら談笑していたとき、ちょうどアメリカの大学での出張講義から帰ったばかりの教授が「そういえば、チエ、君を知っているという××教授（日本人）に会ったよ」と私に言っておいて、一同を見まわし、「それがとても面白かったんだ。僕は彼が民族学者だというので、ミス・ナカネとお知り会いですか、ときいたんだ、彼氏曰く『よく知っています』ところがその後で言うことがふるってるんだ」そこでちょっと間をおいて、彼はいかにもいたずらそうにオチを次ぎのようにつけたのである。『しかし、彼女は私の後輩なんです！』と」。その時、話し手も聞き手も一度にどっと笑ったのである。

その教授は自分の話の効果をいっそう確認するために、「全く、僕はステータス・ソサエティの人間というものをこの目でまざまざと見たってわけなんだ。いかにも日本人じゃないか」とつけ加えたのである。この教授は、日本に行ったことはないし、日本人をほとんど知らないが、社会人類学者だけあって、そうした社会のあることを知っている。そして日本人の民族学者は、はからずも鋭く観察されてしまったのである。

ところで、日本人のことをおかしいと思うイギリス人の人間関係を日本人のそれと対比して観察してみよう。前述の会話のなかにもあらわれているように、私の経験によればロンドン大学では、教授、助教授、講師は一括していわゆる「コリーグ」（同僚）であり、同じ科の同僚は、先輩後輩の区別なく、ファースト・ネームで呼び合っている。彼らはもちろん第三者（学生など）のいる前では、プロフェッサーとかドクターを使い、ファースト・ネームではお互いに呼ばないが、いったん同僚だけになると、ファースト・ネームとし、同類のよしみ、親しさ、リラックスした雰囲気で、異質のものの入らない同類の世界をもつのである。必ずしもどこの学部でもこのように、ファースト・ネームで同僚をお互いに呼ぶのではないかもしれない。またこれは戦後の現象かもしれない。しかし、その形式はともかくとして、イギリスでは、プロフェッサー（同僚）の世界と、学生の世界は、日本人からみると隔絶しているかの如き感がある。すなわち、その間に強い異質性がみられるのである。

これに対して、同質のものを序列によって差をつける日本では、反対に教授と学生の差が、ぐっと収縮され、同質の者の間の序列の一延長の如き感さえもってくる。実際にも、教授・助教授・講師・助手・学生という驚くべき「タテ」の関係によって結びつけられており、教授は同僚の教授より、弟子である講師・助手・学生との関係がより親しかったり、それに重きをおく場合が多い（教授会の内容が外に漏れるということは、この線の機能を示す一つのよい例でもあろう）。

同様なことは、大学の人間関係のみでなくあらゆる分野にみられると思うが、これが非常によくあらわれた例として、終戦直後ビルマ（当時）でイギリス軍の捕虜となった日本の将兵の反応がある。イギリス軍は当然国際法にもとづき、また彼らのシステムを反映して、日本軍を将校と兵士にわけて収容した。いわゆる将校待遇でたいへん快適に収容された日本軍の将校は、自分の部下があのように苦しい作業をし、つらい収容生活をしているのを見ながら、自分たちだけこんな恵まれた待遇を受けることはできないとたいへん苦しんだそうだ。これほど、将校と兵という異質なものが、「タテ」の関係において密着しているのである。

このような日本人の人間関係のあり方、それによってできる「タテ」の組織は、必然的に、将校とか、大学教授、労働者などという共通の資格というものを基盤としたグループ意識を非常に弱める結果となっている。この内部構造からくる同類意識の薄弱性は、社会集団が枠によってできるため、自己の集団外にある同類とも袂《たもと》を分っていることと相まっていっそう弱体化されている。ここに同類意識に代って登場するのがいわゆる同族（一族郎党的な）意識である。

対立ではなく並立の関係

このような基本的な社会構造の運動法則によってできる社会の全体像というものは、カーストとか階級によってできる横断的《ホリゾンタル》な層化ではなく、企業別、学校別のような縦断的《バーティカル》な層化である。西欧にみられるような社会階層というものは、日本にも客観的にみられ、西欧の社会学のお手本に照して一応似たようなものが設定できるとしても、それが現実の社会において、機能をもち難いこと、真の社会構造を反映するものではないということが、指摘されるのである。日本社会において、闘争の関係に本当に立っているのは資本家あるいは経営者と労働者ではなく、A社とB社である。競争者は上下関係に立つものではなく、むしろ隣接し並存する横に立つものとの関係である。闘争は対立するものとではなく、並立するものとの間に展開されているのである。日本における組合の構成、そのあり方、その運動にみられる特殊性（外国人に不可思議に映る）などこうした分析なしには考えられないのである。経営者と労働者の対立、抗争は、あくまでお家の問題であって、どこにでもほとんど共通してみられるものであるが、社会全体をゆさぶるような問題には発展しえない理由は、実にこの日本社会における集団構造に求められる。

並立するものとの対抗、競争であるから、敵は常に同類のものに求められる（これは他の社会であったら、提携関係になりうるものであるから、それとは構造的に全く反対の力関係がみられるのである）。たとえば、鉄工業の諸会社、貿易業の諸会社というように。同じく、学校ならば、大学と大学、高校と高校、農村ならば、集落と集落、宗教界であったら、新興宗教集団は同じような新興宗教集団と、官僚ならば、内務官僚と外務官僚というように。そして、こうした競争は極めて現実的な表現となってあらわれ、競争をとおして、そしてその結果「格付け」ができてくる。たとえば、出版社でも「アソコはウチより格が上ですから」などという表現をとる。家々の格が問題とされるのは、何も農村ばかりではない。だいたい競争のスタートが早い（歴史が古い）ほど、格が高いが、その格が実績によって変更しうるというところに、競争をいっそうかき立てる要因がある。この競争はまた個々の集団の結束をかためる（前節で述べた）重要な要因となって、いっそう集団の孤立性、封鎖性をまねいている。

この社会全体にみられる「タテ」の運動は個々の集団内部にまで貫かれており、同一集団内におけるいわゆるセクショナリズムを生み、さらに個々人の段階にまで及んでいる。個人の真の敵は常に同僚にある。一方、上司・部下は常に味方でなければならない。この「タテ」の関係こそ、個人の目的達成への全生命がかけられているのであり、この「タテ」の関係の機能が強くなればなるほど、反比例して、「ヨコ」の関係が弱くなり、ついにはネガティブな機能しかもたないというような事態さえ出てくる。「足をひっぱる」とか「出る杭は打たれる」というのは、すべてこのネガティイブな作用を表現している。

このような組織に生きる人間というものを考えてみると、極端に言えば、日々これ緊張・闘争の連続ということになる。上役・部下の関係というのは、どんなに親密なものであっても、同僚（同類）との間における親密性とは質の異なるものであり、必然的にある種の緊張感を伴うものである。そして同僚が敵にまわるのだから、全く孤軍奮闘ということにならざるを得ない。その上、前節でのべたようにその人間関係にエモーショナルな要素が強いため、他の社会にみられないような感情の浪費、神経の疲労ということがありうるのではなかろうか。

そこで私は、（この辺から筆者の論述はちょっと論理性を欠くが）日本のサラリーマン諸氏にとって、あの「バー」なるものの必要性が高いのではなかろうかと思われる。よく観察してみると、本当にお酒の味を好んでバーに行く人は少ないようだ。最も彼らの求めるところは、緊張と闘争の連続である世界からの逃避、神経の慰安所的なものと思われる。そこで、どんな馬鹿なことを言っても受けとめてくれる、そして自分の存在を十分高く評価してくれると思われるバーのマダムとかいい女の子、そして話のわかる飲み仲間というものが必要欠くべからざるものとなっている。そうでもなければ、あの世界に比類のない日本の「バー文化」の発達は考えられないのである。

5　集団内部の構造

基本構造

集団の構造が強い「タテ」の線の機能にその基盤をおいているということは、「ヨコ」の線によって、あるいは「タテ」「ヨコ」両方の線の機能をもつ集団とは、その構造が著しく異なっている。まず、これをそれぞれX（「タテ」）・Y（「ヨコ」）という構造の異なる二集団によって説明すると次ぎのようになる。両集団とも同じ一定数の個人からなっているという仮定で、その数を抽象したa・b・cの三点によって示すと第1図の如くなる。すなわち、Yにおいては、三点の関係が三角形を構成するのに対して、Xにおいては底辺のない三角形となる。さらにこの両者の構成を複雑にすると第2図のようになり、その違いはいっそう明らかになるであろう。この両者の構造の相違は、(1) Xの成員はaを頂点としてのみ全員がつながっているのに対して、Yにおいては、すべての成員が互いにつながっていること、(2) Xの構造は常に外に向って解放されているのに対して、Yは封鎖されている。すなわち、もしここに新たにhというものが入ってくる場合、Xにおいては、理論的にa・b・c・d・e・f・gのどれか一つにつながることによってXの成員たりうる。しかるに、Yにおいては、hの参加は全成員に影響する。しかしいったん参加できると、他の成員と全く同列に立ちうることである。したがって、Yの集団構成の形式は常に一定《コンスタント》であるの

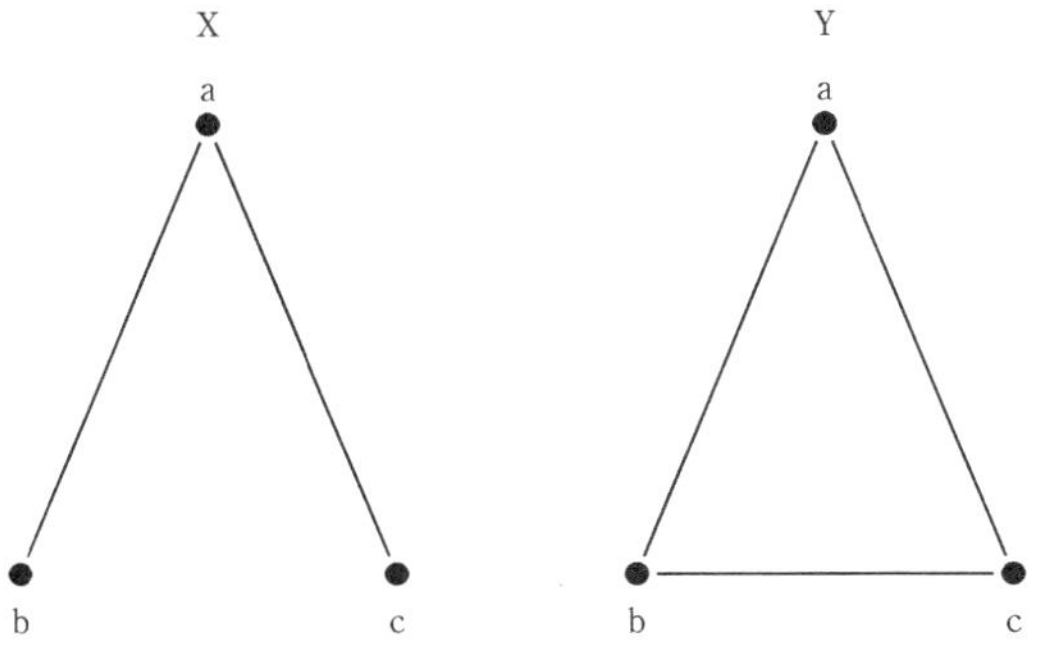

第１図

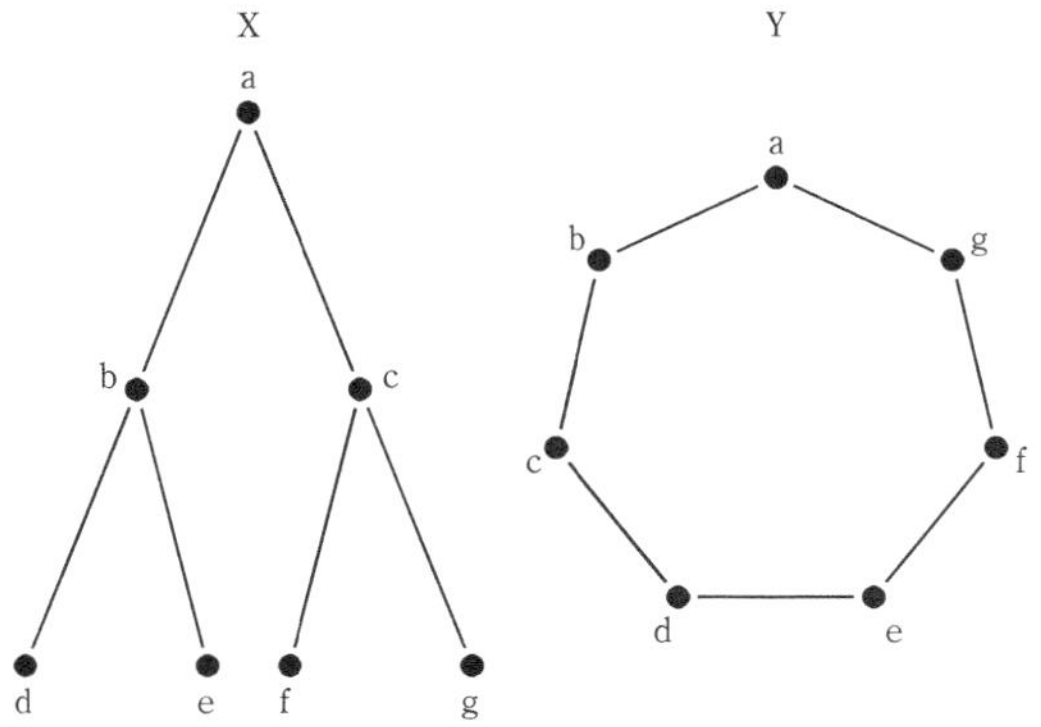

第２図

に対して、Xの場合、無限の変化《バリエーション》が可能である（例えば、第3図に示したように）。(3) Xは、その構成に無限のバリエーションをもちえ、他人を容易に入れやすいが一方、個々の成員の組織における位置の交替ができないという弾力性のないものとなっている。個人の集団参加の場合の特定成員との関係設定（そしてその時期）というものがそのまま組織として定着してしまう。これに対して、Yではaの位置（および各成員の位置）は他の成員によっておきかえられるのである。言いかえれば、aの存在なしにもこの集団組織はそのまま存続しうるのである。ところが、Xの場合は、aはその組織の要《かなめ》となっているため、aの存在なしでは、他の成員だけでは集団組織を構成しえないのである。ここに集団のリーダーシップの性格に関する重要な問題がある。以下、リーダ

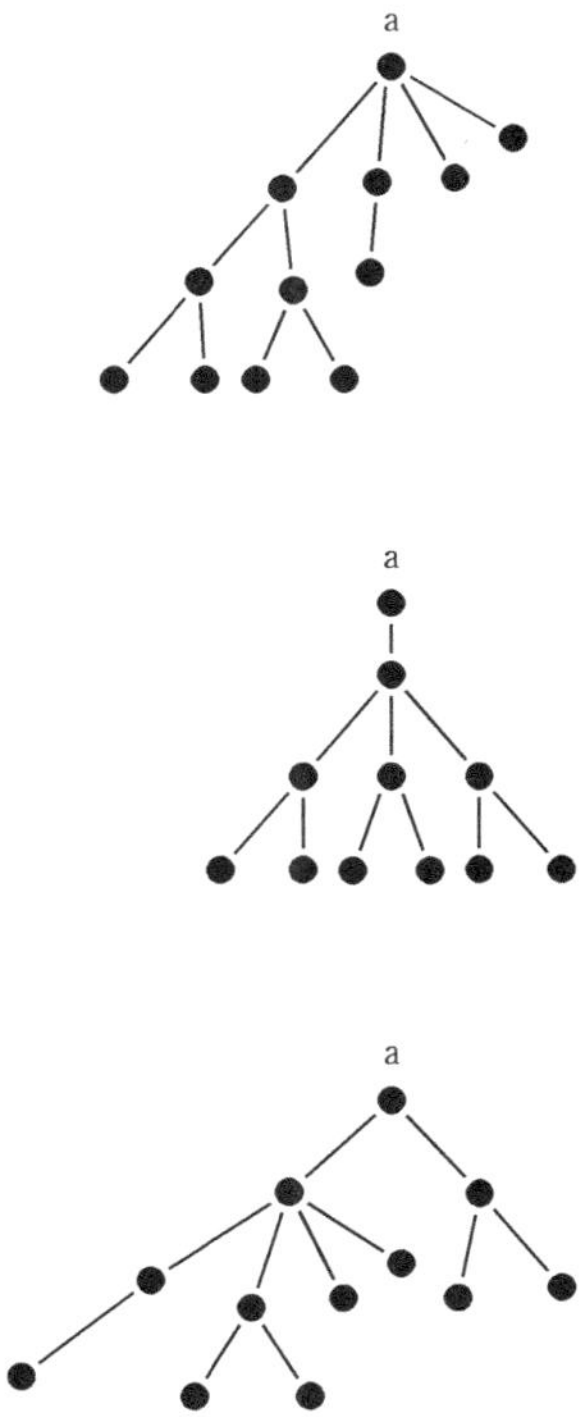

第3図

ーシップとの関連において特にXの場合を中心にして述べてゆきたいと思う。

まず、注目すべきことは、Xにおいてリーダーの交替が不可能ではないが、非常に困難であること、そして同時に、リーダーは常に一人に限られるということである。この構造では、二人以上のものは決して同列、あるいは同位置に立てないのである。さらにリーダーと他の成員との関係が必ずしも等質のものではないということである。リーダーaとb（あるいはc）の関係は、aとd（またaとg）との関係と等質でない。dはbをとおしてのみaにつながる。すなわち、a―b関係が破れれば必然的にd・eはaと関係が切れるのである。aのd（またe・f・g）に対する支配は、b・cを通してのみ可能であって、a―b関係において、aがbに対して優勢であればあるほど、d・eに支配を及ぼすことができる。したがってこの集団構造の核はa―b、a―c関係にあるのである。この関係が崩れると、集団は必然的に内部分裂を起す。そこで、Xにおけるリーダー、aの存在（およびa―b・a―c関係）は、Yにおけるaと比較にならないほど、集団維持にとって重要な意味をもっている。どんなに結束がかたく、美わしい（日本的表現を使えば）集団であっても、突然のリーダー（大親分）の死などは、全く致命的なものであり、お家騒動を必然的にといってよいほど起すことになる。

かつての日本軍の実戦における弱点は、実戦の単位である小隊の小隊長が戦死した時であると言われる。小隊長の戦死によって組織の要《かなめ》を失った小隊は烏合の衆的になりやすく、戦力・士気のソソウが甚だしい。これがイギリス軍やアメリカ軍の場合は、すぐ小隊の中から次ぎの小隊長となる者が出され、最後の一兵となるまで小隊の統制が乱れないとのことである。三角形の底辺がない、あるいは、一見あるが如きにみえても、その関係がほとんど機能をもたず、ａなしではｂ・ｃの関係が保持できない。また保持できないばかりでなく、むしろ敵対関係に立ちやすいということさえできる。すでに古く、法然上人はこのことに気がつかれたかのように、上人自身がいないとどうもお弟子たちの間がうまくいかず、喧嘩が起りやすいことを気づかれ、お弟子たちに向って、「お前たちは、一しょにいないで、離れていろ」と言われたそうである。

集団組織の破綻は何もａの死（あるいは不在）によるのみでなく、ａ—ｂ、ａ—ｃ関係の破綻によっても起る。たとえば、ｂがたくさんの子分をこしらえ、集団活動を左右するほどの力をもってきた場合、ｃが危険性を感じて、よりａに接近するなどして、ａ—ｂ関係の緊張を招いたりすると、ますます危険な状態となる。こうして、ａがいるのに仲間割れが起りうる。こうした状態は全く破局であって、収拾のつかないものとなる。何となれば、ｂがａと、あるいはｃと提携するなどということは起りえないからである。これは当事者が度量がないとか、感情的であるというばかりでなく、二人以上の個人が同列に立ちえない、リーダーの地位には一人しかつけないという構造的な制約である。この破局の結果するところは、この集団からａ（普通ｃを伴う）を除外する（これがすなわち「番頭にのっとられる」ということである）か、ｂが彼の一族郎党をひきつれて新たに独立集団をつくる（これがいわゆる「分裂」である）か、いずれかの途しかなくなってくる。ｃが除外された場合、ｆ・ｇがｃについて出るか、ｂあるいはｄ・ｅの子分として新たな関係をつくって、b派となるか、いずれかの場合がありうるが、これを決定するのは、c—f、c—gの関係の強弱によろう。このように末端においては調整《アジャストメント》が可能な場合が多い。すなわち、集団の末端成員は、その集団の周辺に位するのであり、核を形成するものではないから、ちょうど集団が常にその末端に新たな参加者の可能性をもっているという性質によって、新入参加者となりうるのである。

しかし、底辺のない三角形の構造は、その核にあたる部分においては、極めて強い作用をするもので、新入参加者がどんなに実力をもっていても、その核に入りうることはほとんど不可能である。このことは、核にあたる二つの異なる底辺のない三角形が結ばれるということをも不可能とする。かつて同一成員であったものが分裂して、——例えば第2図においてaがなくなったため分裂した二つの集団b・cが、再びその各々の構造のまま手を結ぶ（b・cの間に横の線ができる）ということはできないばかりか、はじめから全く別に成長した似たような（同様の目的をもつ）集団b・cが結びつくことも現実的に極めて困難であり、構造的にも不可能である。二集団が一つになるといういわゆる「合体」はいずれか一方による他方の「呑流」という形でしか行われえないのであり、「提携」という形はよしそれが標榜されたとしても、それは「表現」であって実際の構造を反映していないのが普通である。

ちなみに、長い日本の歴史をふりかえっても、いまだかつて寡頭政治というものが日本において行われたためしがないのである。リーダーは常に一人である。異なる二集団がたまたま同じ目的をもち、同一のことを行う場合でも、その時だけでも結びついて共同に仕事を行うということもなかなか困難である。そこで、たとえば、昨年の原爆記念日の行事において行われたような、外からの常識でみると極めて見苦しい事態が起るのであり、またつい最近、焼津において原爆死亡者の慰霊祭が、同一の場所で、時間を違えて「墓前祭」と「慰霊祭」が異なる集団によって行われ、当事者の家族や、土地の人々、一般の者をして批難させ、理解に苦しむようなことが起りうるのである。

このように、集団の内部構造、集団対集団関係の致命的なあり方によって、目的遂行自体がゆがめられ、対外的に集団の社会的責任がとわれるのである。政界の派閥が悪徳とされる理由もここにある。

以上の如く、Xの集団構造は常に分裂の危険性をはらむものであることと、集団と集団の提携ができないという致命的な弱さをもつものであるが、その集団の内部組織が焦点をもっていること、それに加えて、それを結ぶ個々の人間関係がエモーショナルなものであるだけに、成功した場合のエネルギーの結集力、動員力は、Yのそれをしのぎうるものであり、そこに機能集団としての強さがある。したがって、Yに比べてXは集団として栄枯盛衰がはなはだしいものと言えよう。

契約《コントラクト》精神の欠如

この内部組織の弱さを救うものは、本論のはじめの方で述べた場（枠）である。集団は内部組織のヒエラルキーが瓦解した場合においても、個々の成員がその枠内に依然としてとどまっているために、機能を弱体化しながらも存続を保ちうるのである。したがって、日本におけるあらゆる集団が必ず底辺のない三角形を基本とするヒエラルカルな組織を常にもっているということではない。しかし、集団の機能が強くなればなるほど、その方向に人間関係が構築されていくという構造を内包しているのである。筆者のみるところ、日本のあらゆる社会集団にこの共通した構造（人間関係設定の基本原理）が潜在していると思われるのである。

社会集団の存在を可能とさせる最低の条件となる枠とは、農村であれば、小は「家」から「クミ」（近隣機能集団）、「集落」といったものであり、近代的なものとしては、官僚組織、会社組織などである。こうした枠内において、応々にして、外から「見えない」組織として、底辺のない三角形が複雑な形をもちながら存在しているのが常である。しかし、こうした枠、あるいは「見える」組織の中における「見えない」組織の機能はもちろんあなどり難い点があるが、全集団構成の瓦解にいたるような危険性は全くない。これに対して、枠をもたないか、あるいはもっていても、それが非常に弱い場合には「底辺のない三角形」の組織に集団の全生命がかかってくるのであり、必然的にこの組織が強調され、猛威を振るうのである。すなわち、政治家の世界、やくざの世界がその典型的なものであり、また不安定な小資本による漁業集団（網元、大船頭、船子などからなる）などにも顕著にあらわれているのである。これが従来、親分・子分、派閥の名のもとに、封建的であるとか、悪徳とされて批難の的となっているものである。

もし、どうしても、この「底辺のない三角形」組織をやめるとすれば、必ずそれに代る組織を必要とする。理論的にみると、あと二つの二者択一《アルタネイティブ》な方法しかない。その一つは、この反対の「ヨコ」の関係をつかうことである。これはいわゆる「縁者びいき《ネポティズム》」に通ずるものであり、ある集団に独占される危険性を十分もっており、親分・子分関係より、決してすぐれていると言えないであろう。また日本人の素質からしてできるものではない。もう一つの道は「契約《コントラクト》」関係によることである。ちょうどケネディが「ケネディ政権」を創設したときに、ケネディ自身全然関係のなかったラスク氏や共和党の(日本流にいえば敵陣営に属すると考えられるような)マクナマラ氏などをその実力によって抜擢し、政権をつくったように。こうしたやり方は「コントラクト」精神なしには絶対にできないことで、英米において政界のあり方が日本のそれと比にならないほどすぐれているのは、まさに「コントラクト」の可能性にあるのである。ところが、筆者の分析によると「コントラクト」精神は日本人には全く欠如しているものであり、ほとんど絶望に近いと思われるのである。

西欧的な意味でのコントラクト関係が設定されにくいということは、すでにふれた丸抱え式雇用関係にもはっきりあらわれている。筆者は、日本の近代企業がその初期から労働力の過剰、不足にかかわらず、終身雇用的な方向をとってきているという事実は、雇用において、西欧的な契約関係が設定されにくい(雇用する側と雇用される側と両方に原因があるのだが)という理由に求められるのではなかろうかと思うのである。経営者側としては当然コンスタントな労働力を確保するために、労働者(特に熟練労働者)のひきとめ策として、コントラクト制を発達させる代りに、より日本人にあった生涯雇用制の方向をうち出してきたのではなかろうかと思う。

経営者ならずとも、一定の人々を使って、あるいは協力して、一定の仕事をした、あるいはしようとした経験のある者なら誰でも思い当るに違いない。当初に、その仕事をやりましょうと約束した人々が、長年同じ場所で働いていたか、前述の何らかの「タテ」の関係をもっている人々でない場合には、必ずといっていいほど、苦《にが》い経験をもたされるものである。そしてその原因がほとんど人間関係、特に感情的なものに発しているのである。その個々の成員の間、リーダーとその他の成員の間がしっくりいかなくなって、中には仕事を怠る者が出るばかりでなく、邪魔をしたり、仕事を放擲したりする者が出たりする。自己の要求が十分満たされないと、仕事の途中に「おれはやめる」とか「辞表をたたきつける」などと言って（本当にそうする場合もあるし、おどしに終る場合もある）、リーダーを困惑させ、或る種のエゴイステックな感動を味わうというやり方は、日本人の得意とするところである。共通の目的、仕事の達成に責任感がないといおうか、よしあったとしても、個々人にとっては、それ以上に感情的な人間関係が重要視されるという、極めてエモーショナルな性向が認められるのである。これはコントラクトが遂行されないというよりは、もともとコントラクトなどという観念は存在しないと言えよう（これは仕事を依頼する方、引受ける方両者ともに言えることである）。

このことは、戦後日本でとみに盛んになったいわゆる学術調査団（その他登山隊、探検隊と称されるものも同じであるが）における人間関係などにもよくあらわれている。

これを筆者のよく知っているフランス人、イタリヤ人の調査団などと比較してみると、非常に違っているのである。ヨーロッパ人による調査団というのは、まず、そのほとんどが何々大学などというわず、団長の名を調査団の名とし、団員は必ずしも団長の属する大学のスタッフとか、その弟子というのではなく、隊長が広く一般から最も調査団の目的にあっていると思う専門家を抜擢、招請することによって構成される場合が多い。したがって隊長が以前少しも面識がなかった者なども入っていることが多い。一度、団長と団員の間にコントラクトが結ばれると、その調査が終るまで、団長—団員の関係は徹底したものであって、仕事に関する限り、団長命令は絶対的なものとして服従される。たとえば、どんなに有名な写真家といえども、団員となった限り、団長（たとえ写真家より世間的にも知られておらず、年も若かったりしても）の指示のもとに一枚一枚の写真がとられる。しかし調査期間中でも、仕事に関係のないときは、たとえば団員が夜どこへ遊びに行こうが、何をしようが全く自由である。仕事に関係のない行動について団長の意向をうかがう必要は少しもない。仕事に関する限りは、団長は自分の意志どおりに団員を動かして目的を達成できる。

しかるに、日本の学術調査団にあっては、まず、コントラクト形式などをとって寄合世帯的団員構成をもった場合、ほとんど例外なく失敗を招来する。失敗とまではいかなくとも、仕事の能率は悪く、感情的な人間関係にすっかり精力を使われ、予定した仕事が少しもスムースに運ばず、ものすごい苦労をする。こうした調査団はたいてい仲間割れをしており、団長は悪口雑言の対象以外の何物でもなくなってしまう。日本では立派な（？）大学教授も、現地人や外国人の前で喧嘩をし、いがみあって汚名を土地に残してしまうような結果となる。これではどんなに優秀な団員からなり、十分な費用をもっていても、仕事の成果はさっぱりあがらないのである。

これに対して、リーダーが長老格の教授で、その愛弟子ばかりを団員とした調査団ほどうまくいっているものはない。こうした隊では、どんなに貧しい調査費でも、どんなに苦しい環境にあっても、目的を遂行しうるのである。それは、われわれの団長（師）のためにはあらゆる犠牲をいとわないという美わしい（日本的なイミ）積極性が団員にあり、一方「かわいい奴らだ」という限りない弟子へのいつくしみに支えられた団長の思いやりである。この関係にあっては、団長の力ももちろんあるが、団員によって団長が動かされる度合は、目には見えないが相当あるのが普通である。実際、リーダーの権限はヨーロッパ人による調査団の場合よりずっと小さくなっている。したがって、学問的に非常にすぐれ、才能のあるリーダーがそれを十分発揮することができない場合が多い。団長の存在理由は、調査を指導する、あるいは自分の調査目的を達成するというよりも、むしろ人間関係の要《かなめ》となって、その和を保つということにある。調査団はゲマインシャフト的な「みんなの調査団」である。

これに対して、ヨーロッパのそれは、あくまで団長の調査団であって、団員は団長の仕事を完成するために、各々の役割を受けもつに過ぎなく、極めてゲゼルシャフト的なものである。ちなみに、調査を終り帰国して調査団が解散すると共に、団長、団員個々人はそれぞれ全く他人となる。一方、日本ではその共同体的関係が一生つづく可能性が強い。またそうした可能性を背景として、はじめて成功裡に調査を終えることができるともいえよう。

この学術調査団のあり方にも明らかなように、親分・子分というものに象徴される人間関係は、政治家やヤクザの世界ばかりでなく、実際、進歩的思想の持主だとか、文化人と自他共に認める人々や、大学で西欧の経済や社会について講義をしている教授たち、あるいは最先端をゆく大企業の中で働いている人々の中にも、みられることが指摘できるのである。そしてこの根強い人間関係のあり方というものは、決して、従来説明されてきたような封建的などという簡単なものではないし、工業化とか西欧文化の影響によって簡単に是正されるものではない。封建制というものによっていっそう助長されたかもしれないが、それによってつくられたものではない。これは日本人の血の中に脈々と流れており、それが一定の条件におかれた場合、極端に出たり、出なかったりするだけで、根強く潜在していることを知らなければならない。

リーダー（親分）の資格

個人と個人の間に理性的な、あるいは抽象的なコントラクト関係の設定が困難であるということは、人間関係が極めてパーソナルな直接的な人と人との関係によって設定されるためということができよう。これはすでに論じたように「タテ」の関係に依存するところにも密接に関係している。すなわち「タテ」のエモーショナルな関係は、同質のもの（兄弟、同僚関係など）のそれより、いっそうダイナミックな結びつき方をするものである。保護は依存によって応えられ、温情は忠誠によって応えられる。すなわち等価交換ではないのである。このために「ヨコ」の関係におけるよりいっそうエモーショナルな要素が増大しやすく、それによって、いっそう個人の行動が支配されやすくなる。この関係は下（子分）をしばるばかりでなく上（親分）をも拘束する。

親分という者はたいへん権力をもっているように思われているが、実は他の社会におけるリーダーに比べて、リーダーとしての権限を制約される点が非常に多い（この例の一つはすでに述べた調査団における団長のあり方にあらわれている）。「温情主義」という言葉にあらわされている情的な子分への思いやりは、常に子分への理解を前提とするから、子分の説、希望を入れる度合が大きい。実際、いい親分とか大親分といわれる者ほどそうした傾向が強い。すなわち、包容力が大きいほど、多くの、そしてよい子分をもちうるであろう。

このリーダーシップにみられる上・下関係の特質は、日本によく発達しているいわゆる「稟議制」なるものによってもよくあらわれている。上の者の発想を下の者におしつけるのではなく、反対に下の者が上司に意見を具申して採ってもらう。これは官僚機構をつかって政治をやるという面にも出ているし、企業内においては、従業員の創意を活用するという点にあらわれている。これを十分活用すれば、極端にいうと、上に立つ者は誰でもいいということになる（ここに年功序列体系がさして不便を感ずることがないということにもなろう）。

実際、上に立つ者、親分は、むしろ天才でない方がよい。彼自身頭が切れすぎたり、器用で仕事ができすぎるということは、下の者、子分にとって彼らの存在理由を減少することになり、かえってうとまれる結果となる。子分は親分に依存すると同時に、親分が子分に依存することを常に望んでいる。親分のすること、考えることはすべて子分に理解され、納得される（彼らなりにでも）必要がある。天才的な能力よりも、人間に対する理解力、包容力をもつということが、何よりも日本社会におけるリーダーの資格である。どんなに権力、能力、経済力をもった者でも、子分を情的に把握し、それによって彼らと密着し「タテ」の関係につながらない限り、リーダーにはなり得ないのである。したがって、カリスマ的リーダーというのは日本の土壌には育ちえないのではなかろうか。日本人のリーダーの像は、ナポレオン的なものでなく、あくまで大石内蔵助的なものである。

集団の機能力は、ともすれば親分自身の能力によるものよりも、むしろすぐれた能力をもつ子分を人格的にひきつけ、いかにうまく集団を統合し、その全能力を発揮させるかというところにある。実際、大親分といわれる人は必ず人間的に非常な魅力をもっているものである。子分が動くのは、親分の命令自体ではなく、この人間的な直接肌に感じられるところの人間的な魅力のためである。「オレの顔にめんじて……」というせりふは、あらゆる理性的な判断をこえた力をもつのである。「天皇陛下万歳」と言って死んでいったとされる兵たちは、実は日頃温情をかけられ、敬愛するところの「この小隊長の言うことだから」といって勇戦したと言われる。

企業体においては、経営者また上に立つ者は、このリーダーとしての資格をもつことが望まれ、実際、経営者のパーソナリティというものが、その従業員にとっても、また社会においても、日本ほど問題としてとりあげられている国はちょっとないであろう。また経営者自身としても、いつの時代にあっても「企業は人なり」と、人についての問題に真剣にとりくんできており、日本においてはこれが経営管理の重要な課題となっている。いったい、ナポレオンが部下のことを、アメリカの経営者が従業員のことを、これほど深刻に考えたことがあったであろうか、また考える必要があったであろうか。

近代企業においてさえ、経営者と従業員の結びつきが、このように情的な強いものであるから、これがヤクザの世界の親分・子分関係となれば、論をまつまでもない。親分のために殺人くらいすることは当然であろう。ある保護施設の園長の言によると、ヤクザの世界を一度味わった子供が、何回連れもどしてももどって行ってしまうのは、ヤクザの世界では、保護施設や里親などからは得られないような、その子にとって理解と愛を受けるからであるという。親分・子分関係の強さ、エモーショナルな要素は、弱い者にとって安住の世界をつくっている。戦後とみにさかんになった新興宗教集団が、魅力的なリーダーをもち直接接触を媒介とするエモーショナルな「タテ」の線を集団組織の基幹としていることも注目に値する。創価学会の折伏《しゃくぶく》による「タテ線」、立正佼成会の「親・子」関係は、その典型的なものである。これによって信者は、しっかりと組織網に入れられ「私はもう一人ぼっちではないのだ」という安定感に浸ることができる。また古い歴史をもつ伝統的な教団といわれるものも、これら新興宗教とは異なるが、基本的には「タテ」のつながりがみられる。たとえば、真宗の門徒は、真宗という教理の共通性自体を媒介として集団をつくっているというよりも、むしろ、実際には自分の父も、祖父も門徒であったからという「タテ」の線によって、現在の個人が支えられていると言えよう。信仰というような一見抽象的なものを媒介として成立しているが如き集団においても、それは驚くほど顕著にあらわれている。また教団組織そのものも「タテ」関係を貫いていることは、天理教の本教会・分教会組織、真宗の本・末寺関係などによくあらわれていることもつけ足しておこう。

さらに興味あることは、「神」の観念自体にも、これはみられるのではなかろうか。日本人にとって「神」「祖先」というものは、この「タテ」の線のつながりにおいてのみ求められ、抽象的な、人間世界から全く離れた存在としての「神」の認識は、日本文化の中には求められないのである。極端にいえば「神」の認識も個人の直接接触的な関係から出発しており、またそれを媒介とし、そのつながりの延長として把握されている。常に、自己との現実的なそして人間的なつながりに日本人の価値観が強くおかれていると言えよう。

6 「タテ」組織の功罪

以上が筆者の、日本における社会集団の構造分析の大要であり、各節は筆者の一貫した理論によって構築される全体像の代表的な諸面をとらえたものである。この日本の社会構造のもつ長所短所のいくつかは、すでに論述のなかでふれたところであるが、論述の混乱をさけるために割愛した点などを整理し、ここで補足すると共に、上述の日本の社会集団の構造に当然附随していると思われる日本人の特性について論じ、本論をとじることにしたいと思う。

人間平等主義

理論的に考えて、社会組織の基本原理として「タテ」と「ヨコ」の線があるのに対して、その一つにのみ強い機能をもたせているということは、両者を同様に機能させる場合より、はるかに弱い組織であると言えよう。第4節において考察したように、「タテ」組織による社会集団の構成は、単一性が強調され、全社会を「タテ」の線によってズタズタに切ってしまう結果をもたらす。ここにおいて当然要求されるのは、それぞれ孤立した個々の集団を結びつける組織である。日本においては、これが行政組織として非常に発達したものと思われる。全機構はしたがって、最上部において異質な組織によって結ばれていることになる。そして、その行政網は上部から集団の内部組織である「タテ」の線を伝わり、その集団の底辺にまで難なく達することができ、それによって世界にちょっと比類のない徹底した行政網が完備し、全人口に浸透したのである。

実際、江戸時代において、幕府の政策や藩の政策が、山奥の村々の家々にまであのようにもれなく達していたという行政網の機能力は、たんに幕府の権力のみでなく、古来《ネイテイブ》の社会集団の構造におっているところが多大であると思われるのである。たとえば、同時代の中国やインドと比較して非常に対照的である。これらの国々では横断的《ホリゾンタル》な社会組織——たとえば父系血縁組織、そしてそれと関係深く構成されるところの地方地主層のネット・ワーク、ギルド、カーストなどにはばまれて、中央行政は地方の上層人口でとどまり、とても全人口の底辺にまで及ぶということはなかったのである。さらにここでちょっとつけ加えておきたいのは、徳川体制というものは、まず士農工商という身分に全人口をホリゾンタルに切り、さらに藩という「タテ」割りを設けて行われたのであり、その善悪は別として、組織として、「ヨコ」「タテ」両者を交錯させており、まことにすぐれたものと言うべきであろう。

さて、中央から水を流せば、末端にまでしみとおるような見事な行政網の発達は、中央権力の助長にいやがうえにも貢献し、当然権力の跋扈、一方、権力に対する一般国民の恐怖、嫌悪を植えつけたようである。「長いものにまかれろ」という一方、すべて上からの命令というものに生理的反発を覚える。たとえば、前述したヨーロッパの調査団における団員の団長命令に対する服従などというものは、日本人の団員にはとてもできないことであり、また服従した場合には、団長の独裁、不当な権力として受け――決してヨーロッパ団員のように、約束の上の当然のこととしては受けとれない――その服従は心身ともに忍従という形をとる。

この権力、あるいは自分より上に立つ者に対する反発は、極端な、ある意味では素朴《プリミテイブ》ともいえるような、人間平等主義（理性的立場からというよりは、感情的に要求されたもので、無差別悪平等などといわれるように究極的に資格・能力による差を認めようとしないものである）が底流にある。これは西欧の伝統的な民主主義とは質的に異なるのであるが、日本人の好む民主主義とはこの人間平等主義に根ざしている。これがすでに述べた将校と兵を、高級技術者と工場労働者を一つの共同体カテゴリーに入れる温床となっていると思われる。そしてこの無理な共存は、そのギャップをうめる作用として、温情主義、忠誠心、親分・子分関係の表現をとりうるということが、当然考えられるのである。この人間平等主義がネガティブに作用すると、分業精神の欠如、身分不相応な欲求、不必要な競争意識などとなって、自他ともに社会的不安定性を招く結果となる。

「タテ」の関係とこの人間平等主義が矛盾するものでないことは、驚くほどの可動性《モビリティ》が日本社会にはあることによってもわかるのである。すなわち、「タテ」線の強い機能は、上・下のモビリティを促進するものである。これは応々にして戦後の現象と考えられがちであるが、江戸時代から現在までの農村の家々の興亡を調べてみると、ちょっと想像以上の興亡の歴史を見出すのである。郷士とか、特別の家々を除いてみると（あるいはそうした家々をいれてもよいが）、三代以上つづいて上層を占めつづけたというのは少ないのであり、五代以上となると、例外に近くなるのである。いわゆる旧い家とか、格の高い家、地主などといわれるものは、一見いかにも先祖代々連綿としてその地位を保ってきたように見えるが、実際調査してみると案外新しく、村落一つとっても、家々の興亡の歴史は複雑であり、上・下のモビリティは、他の国々の農村におけるより、ずっと顕著にみえるのである。

都市における上・下のモビリティの大きさは、もちろんいうまでもないことである。だいたい、金持ちの息子は苦労がないから、おめでたく、刻苦勉励型が出世するという社会的イメージが日本人の常識の底流となっていることは、これをよく示すものであろう。東大出身ということと、オックスフォード出身ということは決して同じ意味をもっていない。前者においては、魚屋の子だろうが、農家の子だろうが、実業家の子だろうが、大学教授の子だろうが、東大というものを通過することによって、同列に立ち得る。教育機関というものが、社会層の差をなくすか、ミニマムにするほどの機能をもっている。後者においては、ジェントルマンの子弟はだいたいオックスフォードに行くから、オックスフォードの特色が出るのであって、労働者の息子はオックスフォードに行っても、下層出身者ということは一生ついてまわる。すなわち、教育機関というものは、社会層の差に対して、さして機能を発揮しないのである。したがって、社会的に機能をもつものとして学閥か階級かという対照がここにみられる。学閥のあることは非常に批難されるが、階層間のモビリティがあるというよさは忘れられている。

学閥も階層もない社会というものはもちろん理想であるが、社会は何らかの方法によって組織されなければならず、人間の能力の差はあらゆるものを平等にしても依然として残るのであって、閥（タテ）か階層（ヨコ）かは、その代表的な組織のあり方を示すものといえよう。可能な道は、閥にしろ、階層にしろ、その封鎖性をできるだけ少なくする方向にもってゆくということで、いずれもそれ自体完全に否定しきれるものではない。

このモビリティの大きさと、それと密接な相関関係をもつ並立するものとの競争は、日本の近代化、特に工業化に偉大な貢献をしたものと思われるのである。常に上向きであるということは、人々の活動を活発にし、競争は(集団としても個人としても)大きな刺激となって、仕事の推進力となっていることは疑うことのできないところである。さらにこの「タテ」の組織と行政機構の発達は、近代官僚組織などに基本的に通ずるものであり、一見、親分・子分などという形をとると、ひどく封建的にみえるこの構造は、同時に極めて近代的な面をそなえているということができる。要するに、この「タテ」の関係がパーソナルな要素をできるだけ少なくして、安定した制度となり、これにくり入れられていく人事というものが、いかなる方法にしろ、より多くの人々に共通する法的な正当性をよりもっていけばよいのであって、「タテ」の関係自体は何らの悪徳ではない。

ひるがえって、日本の近代化に貢献した、またしつつある「タテ」の組織から派生するところの同列に立つものとの競争、上・下のモビリティは、同時に短所をもっている。これは言うまでもなく、不当なエネルギーの浪費であろう。外国貿易において、同じような商社が同一のバイヤーに殺到し、共喰いとなっている光景はよく知られているところである。これによって象徴されるように、国全体としてのマイナスが大きいと言わなければならない。野菜がいいと言われると百姓はわれもわれもと野菜をつくり、翌年はキャベツが畠でくさっていったり、一、二の出版社がペーパー・バックを出すと、どの社もいっせいにはじめ、同じようなシリーズ、同じような著者が同じようなことを書いている。みんな同じことをしないと気がすまない、いや競争に負けてはならない、バスに乗りおくれてはならないからするのだろうが、国全体として何という浪費であろう。分業の精神というのはいったい日本人にあるのだろうか。それでも、インドほど、分業精神に徹底して後進国であるよりは、ずっとよいかもしれないが、もう少し浪費をしない工夫はないものだろうか。

また、活発な上・下のモビリティがあり、一方に上昇する者があるということは、他方に悲劇を生んでいる。「自分は大学に行けず、一生下積みで終った、せめて子供だけは出世させてやりたい」という親の悲願が現在の日本ほど強い社会はないであろう。大学へ、よい大学に入りさえすれば、という気持は、上へのモビリティの絶対性を前提として成り立つ。今日も新聞には、東大受験に不合格で自殺した若い青年のことがのっている。まさに社会的悲劇である。外国人にはとうてい理解できないものである。

どんな社会でも、すべての人が上に行くということは不可能だ。そして社会には大学を出た人が必要であると同様に、中学校だけの人も必要なのだ。しかし、日本の「タテ」の上向きの運動の激しい社会では、「下積み」という言葉に含まれているように、下層にとどまるということは、非常に心理的な負担となる。何故ならば、上へのルートがあればあるだけに、下に居るということは、競争に負けた者、あるいは没落者であるという含みが入ってくる。インドに行って驚くことは、貧しい下層カーストの人々が少しも日本の下層の人々のように心理的にみじめではないということである。これは、そのカーストに生まれれば死ぬまで、そのカーストにとどまる——競争に敗れたという悲惨さがない——という安定した気持と、同類がいて、お互いに助け合うということだ。日本では、すでに詳しく論じたように、あらゆる層において、同類の集団というものができない。下層において孤独であるということは、いっそうみじめであるということは言うまでもない。

坊主憎けりゃ袈裟まで憎い

日本人の人間関係設定において、常にパーソナルな感情投入が行われて、理性的な仕事による関係自体をパーソナルな感情と分離しえないということは、本論においてしばしば指摘したところである。もちろんどこの社会の人間関係においても、感情的な要素はあるわけであるが、その度合がいっそうひどいということが言えよう。この日本人の性向に対して、アメリカ人のビジネス・ライクの「冷たさ」というものは非常に対照的なものであろう。日本人は血の気が多いというか「甘すぎる」と言えよう。「坊主憎けりゃ、袈裟まで憎い」とはいみじくも日本人のこの性質を象徴している。坊主と袈裟を分離できないということは、ある意味で致命的な欠点である。そして、これは特に知的な活動において著しくあらわれてくる。

まず「批評精神の欠如」である。ある時、中村光夫氏が日本における評論家という立場、評論の受けとられ方を嘆いていたが、筆者も全く同感である。作品自体について論じているのにちょっと賞めると「あいつはオレに好感をもっている」ととられ、ちょっとけなすと、「あいつはケシカラン奴だ」とくる。作品をとびこえて、人《パーソン》対人《パーソン》の直接の感情的出来事になってしまう。またごく少数の(これは雨夜の星くらいの割合だが)ものを除いて、評論家、書評者の方でも往々にして感情的文句を弄しているのが常である。「これは気に入った」だの、「著者の問題意識を疑う」だの、「著者はまだ苦労が足りない」とか、「著者の周囲の人々がどうだ」などと、作品外の著者の態度とか、人《パーソナリティ》にまで及ぶと同時に、自分の感情投入をさかんに行う。書評というもののスタイル・内容が著者と評者の人間関係できまってしまうことが多い。はっきり言うと、知らない人のもの、自分の反対に立つ人のものに対しては、悪評をするが、知人や仲間、特に先輩のものに対しては、必ずといっていいくらいほめている。そして、往々にして（筆者などもついそうなってしまうのだが）、本当に作品の弱点をついた後に起る、いまわしい、パーソナルな感情攻撃をされることを考えると、ついおざなりのことを書いてお茶をにごしてしまいたくなるのである。あるいは始めから依頼を断るしか方法がない。結局、損をするのは第三者である読者であり、これは大きな社会的マイナスである。書評の信頼度が非常に低いということである。

このことは、書評ばかりではない。ちょうどこれを書いていたら、菊田一夫氏が『現代女優論』を読んで」と題して、「男性の書く『女優論』などというものは、しょせんは男性が、その相手を『わが恋人』と見立てての『女性論』なのである……」と、演技自体を冷静に分析し、評する批評家という者のいないことを嘆き、一方女優は、けなされると一生、その批評家を恨みつづけるであろう、と書いているが（朝日新聞、三月二六日）、全く、坊主と袈裟の分離できない日本の知識人の悲劇を物語っている。

感情が前面に出るということは、人対人の場合のみでなく、国というスケールにおいても行われる。外国から帰って来たり、外国にいて、新たにやって来た日本人に会ったとき、必ずといっていいくらい質問されるのは「対日感情はどうでしょう」である。対日感情なんてあるかもしれないが、そんなことを知っていったい何になるのだろう。第一、ヨソの国では、日本人みたいに一つの感情をもつなんてことはないのだ。この感覚が日本人が国際問題（特に日本との問題に強くあらわれるが）を論ずる場合、非常に入ってくる。具体的なプロセスの分析より、日本はどういう態度をとるべきか、とか、相手の対日本の感情、態度というものに問題が集中される傾向があり、第三者としてあまり学ぶことができないのは残念である。国際問題において読者が欲しいのは、信頼度の高い現実の動きを説明する資料、解説であって、道徳的指標ではない。もし論者自身の判断を強要したいのであるなら、論理的な（感情的でない）証明がなければならない。

論理性の欠如は、日本人の会話というものにもよくあらわれている。だいたい日本人の会話には、スタイルとして弁証法的発展がないことである。話者間の人間関係によってだいたい初めから終りまで形式がきまってしまっており、お説頂戴式の一方交通であるか、平行線をたどり、ぐるぐるまわりして、結局はじめと同じところにいるという場合が多い。これは人間関係というものが先にのべたように、「タテ」につながり、同列、同質に立つということがないということに大いに関係があると思われる。テーゼに対するアンチテーゼというものは、対等、対立の関係を前提とする。そして、同様な関係を前提としてジンテーゼが可能である。この基本的三段階というものがないから発展がない。言いかえれば「会話」は可能であっても、「ディスカッション」ができないと言えよう。

この批判とディスカッションの例から言えることは、要するに抽象と論理（二つの能力は同一の母体をもっている）を欠いているということができる。すなわち、これは人間のもっている資質において、感情《エモーション》に対応するものである。感情は直接的であり、具体的である。人間にとって、また一つの文化にとって、この相反する要素のどちらをのばすこともよいであろう。感情文化は、エモーションのデリカシーを生み、その表現として形式《フォーム》を発達させる。たとえば、能におけるように。文学では、川端、谷崎文学などによって代表されるように、どこの国にもないユニークなジャンルを発達させている。その一方、構成力、構造力の弱さは、文化のあらゆる分野にみられる。小説、絵画をはじめ、特に音楽、彫刻の発達において、これは大きな弱点である。筆者自身の立場からすれば、これは社会科学の発達にとって致命的な痛手である。

日本において、自然科学の水準が非常に高いのに対して、社会科学が低いのは、日本人のもつこの特性と非常に関係が深いと思われる。試験管や、数による図式や、モルモットには、いくら感情を投入しても、それは入りえないように、自然科学においてはその研究操作において物理的に感情と理性が分離できているのに対し、社会科学ではあくまで人間が対象になるから、よほどこちらが科学精神に徹していないと、坊主と袈裟を区別できにくくなる。問題意識とか何とかをもつのは結構だが、それによって黒い袈裟の色が赤くなったり、青くなったり、袈裟が坊さんの肉体や精神の一部になったりしては困るのである。しかし、坊さんと袈裟を区別するということは、訓練によって可能なことであるし、日本人の中にも非常に少数ではあるが、それがちゃんとできる人もあるのだから、この点を是非努力して伸ばしていきたいものである。

日本人一般が坊主と袈裟をはっきり分離して考えられるようになり、職種別組合というものが本当に成立するようになったら、そのときこそ、ソーシャル・ストラクチュアも変るのであろうと思う。それほど、体質改善がなされなくても、少しでもそうした部分がふえていくことが可能であるならば、それにこしたことはないと思うのである。

※筆者は、この理論形成において、特に仮説のテストの過程において、多くの異なる分野における方々から、それぞれの分野における人間関係について、豊富な資料を提出していただき、その結果をずいぶん本論にとり入れた。最後に、快くご協力いただいたこれら諸氏に対してここに深甚の感謝の意を表する次第である。

附録「日本的社会構造の発見」は『中央公論』（一九六四年五月号）を再録したものですが、一部語句などを改めた箇所があります。

本文イラスト：渡辺恵美

講談社現代新書　2548

タテ社会《しゃかい》と現代日本《げんだいにほん》

二〇一九年一一月二〇日第一刷発行　二〇二五年四月二日第四刷発行

著　者　中根千枝《なかねちえ》　構成　現代新書編集部

発行者　篠木和久

発行所　株式会社講談社

東京都文京区音羽二丁目一二―二一　郵便番号一一二―八〇〇一

電　話　〇三―五三九五―三五二一　編集（現代新書）

〇三―五三九五―五八一七　販売

〇三―五三九五―三六一五　業務

装幀者　中島英樹

印刷所　株式会社ＫＰＳプロダクツ

製本所　株式会社ＫＰＳプロダクツ

本文データ制作　講談社デジタル製作

定価はカバーに表示してあります　Printed in Japan

N.D.C. 360　194p　18cm
ISBN978-4-06-288430-3

「講談社現代新書」の刊行にあたって

教養は万人が身をもって養い創造すべきものであって、一部の専門家の占有物として、ただ一方的に人々の手もとに配布され伝達されうるものではありません。

しかし、不幸にしてわが国の現状では、教養の重要な養いとなるべき書物は、ほとんど講壇からの天下りや単なる解説に終始し、知識技術を真剣に希求する青少年・学生・一般民衆の根本的な疑問や興味は、けっして十分に答えられ、解きほぐされ、手引きされることがありません。万人の内奥から発した真正の教養への芽ばえが、こうして放置され、むなしく滅びさる運命にゆだねられているのです。

このことは、中・高校だけで教育をおわる人々の成長をはばんでいるだけでなく、大学に進んだり、インテリと目されたりする人々の精神力の健康さえもむしばみ、わが国の文化の実質をまことに脆弱なものにしています。単なる博識以上の根強い思索力・判断力、および確かな技術にささえられた教養を必要とする日本の将来にとって、これは真剣に憂慮されなければならない事態であるといわなければなりません。

わたしたちの「講談社現代新書」は、この事態の克服を意図して計画されたものです。これによってわたしたちは、講壇からの天下りでもなく、単なる解説書でもない、もっぱら万人の魂に生ずる初発的かつ根本的な問題をとらえ、掘り起こし、手引きし、しかも最新の知識への展望を万人に確立させる書物を、新しく世の中に送り出したいと念願しています。

わたしたちは、創業以来民衆を対象とする啓蒙の仕事に専心してきた講談社にとって、これこそもっともふさわしい課題であり、伝統ある出版社としての義務でもあると考えているのです。

一九六四年四月　野間省一

哲学・思想Ⅰ

66 哲学のすすめ——岩崎武雄
159 弁証法はどういう科学か 三浦つとむ
501 ニーチェとの対話——西尾幹二
871 言葉と無意識——丸山圭三郎
898 はじめての構造主義 橋爪大三郎
916 哲学入門一歩前——廣松渉
921 現代思想を読む事典 今村仁司 編
977 哲学の歴史——新田義弘
989 ミシェル・フーコー 内田隆三
1001 今こそマルクスを読み返す 廣松渉
1286 哲学の謎——野矢茂樹
1293 「時間」を哲学する——中島義道

1315 じぶん・この不思議な存在—鷲田清一
1357 新しいヘーゲル——長谷川宏
1383 カントの人間学——中島義道
1401 これがニーチェだ——永井均
1420 無限論の教室——野矢茂樹
1466 ゲーデルの哲学——高橋昌一郎
1575 動物化するポストモダン 東浩紀
1582 ロボットの心——柴田正良
1600 ハイデガー＝存在神秘の哲学——古東哲明
1635 これが現象学だ——谷徹
1638 時間は実在するか 入不二基義
1675 ウィトゲンシュタインはこう考えた 鬼界彰夫
1783 スピノザの世界——上野修

1839 読む哲学事典——田島正樹
1948 理性の限界——高橋昌一郎
1957 リアルのゆくえ——大塚英志 東浩紀
1996 今こそアーレントを読み直す——仲正昌樹
2004 はじめての言語ゲーム——橋爪大三郎
2048 知性の限界——高橋昌一郎
2050 超解読！ はじめてのヘーゲル『精神現象学』 竹田青嗣 西研
2084 はじめての政治哲学 小川仁志
2099 超解読！ はじめてのカント『純粋理性批判』 竹田青嗣
2153 感性の限界——高橋昌一郎
2169 超解読！ はじめてのフッサール『現象学の理念』——竹田青嗣
2185 死別の悲しみに向き合う——坂口幸弘
2279 マックス・ウェーバーを読む——仲正昌樹

哲学・思想Ⅱ

13 論語——貝塚茂樹
285 正しく考えるために 岩崎武雄
324 美について——今道友信
1007 日本の風景・西欧の景観——オギュスタン・ベルク 篠田勝英 訳
1123 はじめてのインド哲学 立川武蔵
1150 「欲望」と資本主義——佐伯啓思
1163 「孫子」を読む——浅野裕一
1247 メタファー思考——瀬戸賢一
1248 20世紀言語学入門 加賀野井秀一
1278 ラカンの精神分析——新宮一成
1358 「教養」とは何か——阿部謹也
1436 古事記と日本書紀 神野志隆光

1439 〈意識〉とは何だろうか 下條信輔
1542 自由はどこまで可能か 森村進
1544 倫理という力——前田英樹
1560 神道の逆襲——菅野覚明
1741 武士道の逆襲——菅野覚明
1749 自由とは何か——佐伯啓思
1763 ソシュールと言語学——町田健
1849 系統樹思考の世界——三中信宏
1867 現代建築に関する16章 五十嵐太郎
2009 ニッポンの思想——佐々木敦
2014 分類思考の世界——三中信宏
2093 ウェブ×ソーシャル×アメリカ 池田純一
2114 いつだって大変な時代——堀井憲一郎

2134 いまを生きるための思想キーワード——仲正昌樹
2155 独立国家のつくりかた 坂口恭平
2167 新しい左翼入門——松尾匡
2168 社会を変えるには——小熊英二
2172 私とは何か——平野啓一郎
2177 わかりあえないことから 平田オリザ
2179 アメリカを動かす思想 小川仁志
2216 まんが 哲学入門——森岡正博 寺田にゃんこふ
2254 教育の力——苫野一徳
2274 現実脱出論——坂口恭平
2290 闘うための哲学書——小川仁志 萱野稔人
2341 ハイデガー哲学入門 仲正昌樹
2437 ハイデガー『存在と時間』入門——轟孝夫

宗教

27 禅のすすめ——佐藤幸治

135 日蓮——久保田正文

217 道元入門——秋月龍珉

606 「般若心経」を読む——紀野一義

667 生命《いのち》あるすべてのものに マザー・テレサ

698 神と仏——山折哲雄

997 空と無我——定方晟

1210 イスラームとは何か——小杉泰

1469 ヒンドゥー教 クシティ・モーハン・セーン 中川正生 訳

1609 一神教の誕生——加藤隆

1755 仏教発見！——西山厚

1988 入門 哲学としての仏教 竹村牧男

2100 ふしぎなキリスト教——橋爪大三郎 大澤真幸

2146 世界の陰謀論を読み解く——辻隆太朗

2159 古代オリエントの宗教 青木健

2220 仏教の真実——田上太秀

2241 科学vs.キリスト教——岡崎勝世

2293 善の根拠——南直哉

2333 輪廻転生——竹倉史人

2337 『臨済録』を読む——有馬頼底

2368 「日本人の神」入門——島田裕巳

政治・社会

1145 冤罪はこうして作られる 小田中聰樹
1201 情報操作のトリック 川上和久
1488 日本の公安警察——青木理
1540 戦争を記憶する——藤原帰一
1742 教育と国家——高橋哲哉
1965 創価学会の研究——玉野和志
1977 天皇陛下の全仕事——山本雅人
1978 思考停止社会——郷原信郎
1985 日米同盟の正体——孫崎享
2068 財政危機と社会保障——鈴木亘
2073 リスクに背を向ける日本人 山岸俊男 メアリー・C・ブリントン
2079 認知症と長寿社会——信濃毎日新聞取材班

2115 国力とは何か——中野剛志
2117 未曾有と想定外——畑村洋太郎
2123 中国社会の見えない掟 加藤隆則
2130 ケインズとハイエク 松原隆一郎
2135 弱者の居場所がない社会 阿部彩
2138 超高齢社会の基礎知識 鈴木隆雄
2152 鉄道と国家——小牟田哲彦
2183 死刑と正義——森炎
2186 民法はおもしろい——池田真朗
2197 「反日」中国の真実——加藤隆則
2203 ビッグデータの覇者たち——海部美知
2246 愛と暴力の戦後とその後——赤坂真理
2247 国際メディア情報戦——高木徹

2294 安倍官邸の正体——田﨑史郎
2295 福島第一原発事故 7つの謎 NHKスペシャル『メルトダウン』取材班
2297 ニッポンの裁判——瀬木比呂志
2352 警察捜査の正体——原田宏二
2358 貧困世代——藤田孝典
2363 下り坂をそろそろと下る 平田オリザ
2387 憲法という希望——木村草太
2397 老いる家 崩れる街 野澤千絵
2413 アメリカ帝国の終焉 進藤榮一
2431 未来の年表——河合雅司
2436 縮小ニッポンの衝撃 NHKスペシャル取材班
2439 知ってはいけない——矢部宏治
2455 保守の真髄——西部邁

経済・ビジネス

350 経済学はむずかしくない〈第2版〉——都留重人
1596 失敗を生かす仕事術 畑村洋太郎
1624 企業を高めるブランド戦略——田中洋
1641 ゼロからわかる経済の基本——野口旭
1656 コーチングの技術——菅原裕子
1926 不機嫌な職場——高橋克徳 河合太介 永田稔 渡部幹
1992 経済成長という病——平川克美
1997 日本の雇用——大久保幸夫
2010 日本銀行は信用できるか 岩田規久男
2016 職場は感情で変わる 高橋克徳
2036 決算書はここだけ読め!——前川修満
2064 決算書はここだけ読め! キャッシュ・フロー計算書編 前川修満
2125 ビジネスマンのための「行動観察」入門 松波晴人
2148 経済成長神話の終わり アンドリュー・J・サター 中村起子 訳
2171 経済学の犯罪——佐伯啓思
2178 経済学の思考法——小島寛之
2218 会社を変える分析の力 河本薫
2229 ビジネスをつくる仕事 小林敬幸
2235 20代のための「キャリア」と「仕事」入門——塩野誠
2236 部長の資格——米田巖
2240 会社を変える会議の力 杉野幹人
2242 孤独な日銀——白川浩道
2261 変わった世界 変わらない日本——野口悠紀雄
2267 「失敗」の経済政策史 川北隆雄
2300 世界に冠たる中小企業 黒崎誠
2303 「タレント」の時代——酒井崇男
2307 AIの衝撃——小林雅一
2324 〈税金逃れ〉の衝撃 深見浩一郎
2334 介護ビジネスの罠——長岡美代
2350 仕事の技法——田坂広志
2362 トヨタの強さの秘密 酒井崇男
2371 捨てられる銀行——橋本卓典
2412 楽しく学べる「知財」入門——稲穂健市
2416 日本経済入門——野口悠紀雄
2422 捨てられる銀行2 非産運用——橋本卓典
2423 勇敢な日本経済論——髙橋洋一 ぐっちーさん
2425 真説・企業論——中野剛志
2426 東芝解体 電機メーカーが消える日 大西康之

世界の言語・文化・地理

958 英語の歴史――中尾俊夫
987 はじめての中国語――相原茂
1025 J・S・バッハ――礒山雅
1073 はじめてのドイツ語 福本義憲
1111 ヴェネツィア――陣内秀信
1183 はじめてのスペイン語 東谷穎人
1353 はじめてのラテン語 大西英文
1396 はじめてのイタリア語 郡史郎
1446 南イタリアへ!――陣内秀信
1701 はじめての言語学 黒田龍之助
1753 中国語はおもしろい 新井一二三
1949 見えないアメリカ――渡辺将人
2081 はじめてのポルトガル語 浜岡究
2086 英語と日本語のあいだ 菅原克也
2104 国際共通語としての英語 鳥飼玖美子
2107 野生哲学――管啓次郎 小池桂一
2158 一生モノの英文法――澤井康佑
2227 アメリカ・メディア・ウォーズ――大治朋子
2228 フランス文学と愛――野崎歓
2317 ふしぎなイギリス――笠原敏彦
2353 本物の英語力――鳥飼玖美子
2354 インド人の「力」――山下博司
2411 話すための英語力 鳥飼玖美子

日本史Ⅰ

G

世界史Ⅰ

834 ユダヤ人──上田和夫
930 フリーメイソン──吉村正和
934 大英帝国──長島伸一
968 ローマはなぜ滅んだか 弓削達
1017 ハプスブルク家──江村洋
1019 動物裁判──池上俊一
1076 デパートを発明した夫婦 鹿島茂
1080 ユダヤ人とドイツ──大澤武男
1088 ヨーロッパ「近代」の終焉──山本雅男
1097 オスマン帝国──鈴木董
1151 ハプスブルク家の女たち 江村洋
1249 ヒトラーとユダヤ人 大澤武男
1252 ロスチャイルド家 横山三四郎
1282 戦うハプスブルク家 菊池良生
1283 イギリス王室物語──小林章夫
1321 聖書vs.世界史──岡崎勝世
1442 メディチ家──森田義之
1470 中世シチリア王国──高山博
1486 エリザベスI世──青木道彦
1572 ユダヤ人とローマ帝国 大澤武男
1587 傭兵の二千年史──菊池良生
1664 新書ヨーロッパ史 中世篇 堀越孝一 編
1673 神聖ローマ帝国──菊池良生
1687 世界史とヨーロッパ 岡崎勝世
1705 魔女とカルトのドイツ史──浜本隆志
1712 宗教改革の真実──永田諒一
2005 カペー朝──佐藤賢一
2070 イギリス近代史講義──川北稔
2096 モーツァルトを「造った」男──小宮正安
2281 ヴァロワ朝──佐藤賢一
2316 ナチスの財宝──篠田航一
2318 ヒトラーとナチ・ドイツ 石田勇治
2442 ハプスブルク帝国──岩﨑周一

自然科学・医学

1141 安楽死と尊厳死──保阪正康
1328 「複雑系」とは何か──吉永良正
1343 カンブリア紀の怪物たち　サイモン・コンウェイ・モリス　松井孝典 監訳
1500 科学の現在を問う　村上陽一郎
1511 優生学と人間社会──米本昌平 松原洋子 橳島次郎 市野川容孝
1689 時間の分子生物学──粂和彦
1700 核兵器のしくみ──山田克哉
1706 新しいリハビリテーション　大川弥生
1786 数学的思考法──芳沢光雄
1805 人類進化の700万年　三井誠
1813 はじめての〈超ひも理論〉　川合光
1840 算数・数学が得意になる本　芳沢光雄
1861 〈勝負脳〉の鍛え方──林成之
1881 「生きている」を見つめる医療──中村桂子 山岸敦
1891 生物と無生物のあいだ　福岡伸一
1925 数学でつまずくのはなぜか　小島寛之
1929 脳のなかの身体──宮本省三
2000 世界は分けてもわからない　福岡伸一
2023 ロボットとは何か──石黒浩
2039 ソーシャルブレインズ入門　藤井直敬
2097 〈麻薬〉のすべて──船山信次
2122 量子力学の哲学──森田邦久
2166 化石の分子生物学──更科功
2191 DNA医学の最先端　大野典也
2204 森の力──宮脇昭
2219 宇宙はなぜこのような宇宙なのか──青木薫
2226 「宇宙生物学で読み解く「人体」の不思議──吉田たかよし
2244 呼鈴の科学──吉田武
2262 生命誕生──中沢弘基
2265 SFを実現する──田中浩也
2268 生命のからくり──中屋敷均
2269 認知症を知る──飯島裕一
2292 認知症の「真実」──東田勉
2359 ウイルスは生きている　中屋敷均
2370 明日、機械がヒトになる　海猫沢めろん
2384 ゲノム編集とは何か　小林雅一
2395 不要なクスリ 無用な手術　富家孝
2434 生命に部分はない──A・キンブレル　福岡伸一 訳

K

心理・精神医学

331 異常の構造――木村敏
590 家族関係を考える――河合隼雄
725 リーダーシップの心理学――国分康孝
824 森田療法――岩井寛
1011 自己変革の心理学――伊藤順康
1020 アイデンティティの心理学 鑪幹八郎
1044 〈自己発見〉の心理学 国分康孝
1241 心のメッセージを聴く 池見陽
1289 軽症うつ病――笠原嘉
1348 自殺の心理学――高橋祥友
1372 〈むなしさ〉の心理学 諸富祥彦
1376 子どものトラウマ――西澤哲
1465 トランスパーソナル心理学入門――諸富祥彦
1787 人生に意味はあるか 諸富祥彦
1827 他人を見下す若者たち 速水敏彦
1922 発達障害の子どもたち――杉山登志郎
1962 親子という病――香山リカ
1984 いじめの構造――内藤朝雄
2008 関係する女 所有する男――斎藤環
2030 がんを生きる――佐々木常雄
2044 母親はなぜ生きづらいか――香山リカ
2062 人間関係のレッスン 向後善之
2076 子ども虐待――西澤哲
2085 言葉と脳と心――山鳥重
2105 はじめての認知療法――大野裕
2116 発達障害のいま――杉山登志郎
2119 動きが心をつくる――春木豊
2143 アサーション入門――平木典子
2180 パーソナリティ障害とは何か――牛島定信
2231 精神医療ダークサイド 佐藤光展
2344 ヒトの本性――川合伸幸
2347 信頼学の教室――中谷内一也
2349 「脳疲労」社会――徳永雄一郎
2385 はじめての森田療法 北西憲二
2415 新版 うつ病をなおす 野村総一郎
2444 怒りを鎮める うまく謝る 川合伸幸

知的生活のヒント

78 大学でいかに学ぶか　増田四郎
86 愛に生きる――鈴木鎮一
240 生きることと考えること　森有正
297 本はどう読むか――清水幾太郎
327 考える技術・書く技術――板坂元
436 知的生活の方法――渡部昇一
553 創造の方法学――高根正昭
587 文章構成法――樺島忠夫
648 働くということ――黒井千次
722 「知」のソフトウェア――立花隆
1027 「からだ」と「ことば」のレッスン――竹内敏晴
1468 国語のできる子どもを育てる――工藤順一
1485 知の編集術――松岡正剛
1517 悪の対話術――福田和也
1563 悪の恋愛術――福田和也
1620 相手に「伝わる」話し方　池上彰
1627 インタビュー術!――永江朗
1679 子どもに教えたくなる算数　栗田哲也
1865 老いるということ――黒井千次
1940 調べる技術・書く技術――野村進
1979 回復力――畑村洋太郎
1981 日本語論理トレーニング――中井浩一
2003 わかりやすく〈伝える〉技術――池上彰
2021 新版 大学生のためのレポート・論文術――小笠原喜康
2027 地アタマを鍛える知的勉強法――齋藤孝
2046 大学生のための知的勉強術――松野弘
2054 〈わかりやすさ〉の勉強法――池上彰
2083 人を動かす文章術――齋藤孝
2103 アイデアを形にして伝える技術――原尻淳一
2124 デザインの教科書――柏木博
2165 エンディングノートのすすめ――本田桂子
2188 学び続ける力――池上彰
2201 野心のすすめ――林真理子
2298 試験に受かる「技術」――吉田たかよし
2332 「超」集中法――野口悠紀雄
2406 幸福の哲学――岸見一郎
2421 牙を研げ 会社を生き抜くための教養　佐藤優
2447 正しい本の読み方　橋爪大三郎